36 consigli per vincere la

DEPRESSIONE

Oreste De Maria

36 consigli per

vincere la

DEPRESSIONE

Oreste De Maria

Digital Marketer:
Stefano Leone leonestef78@gmail.com

Editing e Format: Luigi Giublena
Designer copertina: @Spidphone

Disclaimer

Nonostante abbia accennato circa le finalità e le caratteristiche del libro nella parte iniziale della trattazione, è doveroso sottolineare che quest'opera non assolutamente concepita per sostituire la terapia medica.

Tuttavia, essendo un compendio di consigli raccolti da siti giornalistici accreditati e dai principali siti di psicologia pubblicati sul web, credo comunque di aver fatto cosa utile e gradita a favore di quelle persone che non vengono supportate adeguatamente da un servizio sanitario statale o privato come nel tempo ho evinto da varie esperienze di vita, sia vissute in prima persona sia come osservatore riguardo i problemi altrui legati alla depressione.

Si ringrazia Stefano Leone per le pubbliche relazioni e per l'attività di marketer librario.

Per informazioni e comunicazioni:

leonestef78@gmail.com

[Con il rammarico per non aver potuto fare di più, dedico questo libro a mia suocera Teresa]

SOMMARIO

PREFAZIONE

Considerando la sua estesa diffusione in tutto il mondo, la depressione oggi è un tema piuttosto "caldo", che attira inevitabilmente l'attenzione del pubblico più o meno esperto e interessato all'argomento. A dimostrarlo è il fatto che, negli ultimi anni, sono stati pubblicati innumerevoli libri su questo gravoso disturbo psichico, corredati poi da "informazioni multimediali" come articoli di approfondimento e video sulle varie piattaforme o siti web.

La depressione è nota all'uomo fin dagli albori del suo cammino nel mondo. Se ne trovano diversi accenni anche nella Bibbia ove sono descritte persone sconvolte da sintomi strani ed intensi anche a seguito di una perdita della fede.

Cosa rende questo libro diverso dagli altri?

L'approccio pratico, principalmente. Trattandosi di una patologia alquanto complessa (per i motivi che ne stanno alla base ma anche per la sua diagnosi), lascio ai professionisti del settore affrontarla dal punto di vista medico e scientifico, come d'altronde merita. Ho quindi voluto trattare questo delicato argomento in forma meno filtrata da ragionamenti complessi e più diretta, "umana", approfondendo alcuni aspetti e offrendo al lettore 36 consigli.

Credo che una struttura di questo tipo sia di aiuto per assimilare il più possibile i concetti qui presentati, evitando di sfociare in disquisizioni teoriche che possano appassionare i più ferrati nella materia, ma il più delle volte deviano l'attenzione dal focus principale.

Naturalmente questo saggio-manuale non vuole in alcun modo sostituirsi alla terapia vera e propria; lo scopo è piuttosto quello di affiancarla, di integrarla, fornendo una testimonianza legata all'esperienza personale. Per una persona affetta da una lieve depressione ritengo sia possibile una ripartenza ragionata che abbia come scopo quello di stare bene, o comunque di mettere pian piano da parte la negatività per creare una situazione personale del tutto nuova e certamente migliore rispetto a quella passata (o presente).

Sarebbe improbabile (e anche un po' ingenuo) pensare di affrontare e superare un problema di tale complessità prefiggendosi di seguire in maniera pedissequa un elenco di cose da fare. Ciò che intendo porre in evidenza, invece, è fornire degli input utili sui quali avere l'occasione di lavorare e riflettere, perfezionandosi man mano, rispettando i propri tempi, quindi agendo assolutamente senza stress. Non sono dei "compiti per casa", ma degli spunti da intendere quasi come una terapia "dolce" e continua, che permetta di metabolizzare gradualmente i progressi e i traguardi intermedi che si raggiungono.

Chi sono i destinatari di questo saggio-manuale?

Prendendo in considerazione i quattro livelli di gravità della depressione (misurati da 0 a 3, dove quest'ultimo è quello più avanzato), questo saggio-manuale è stato pensato per tutte quelle persone che presentano una depressione generalmente classificata come lieve o, al massimo, di media entità. Chi si trova in una situazione più grave, invece, dovrebbe affrontare il problema in maniera più diretta e purtroppo più invasiva, rivolgendosi ad un professionista (psicologo o psichiatra).

A tal proposito, quando la situazione è dunque piuttosto grave, mi preme dire che è sempre bene evitare di cedere alla tentazione di prendere delle "scorciatoie" che distraggono per un periodo di tempo o, ancora peggio, illudono di poter superare in maniera veloce e indolore un problema di tale rilevanza.

Individui o metodi che promettono un'uscita facile e rapida dalla depressione purtroppo sono tutt'altro che affidabili; possono rivelarsi un pericolo per la propria persona, in quanto, la loro strategia, induce a tornare al punto di partenza senza miglioramenti di alcun tipo. Il più delle volte si tratta di raggiri, e il rischio è di far sprofondare la persona in un malessere ben peggiore di quello dal quale si è partiti.

In un contesto simile, quindi, appare fonda-mentale prestare la massima attenzione per tenersene alla larga e, soprattutto, poter con-tare sul sostegno morale di familiari, amici e altre persone che - anche occasionalmente - possono dimostrarsi vicine. La loro com-prensione diventa cruciale per chi sta attra-versando una fase difficile come questa, per riuscire a seguire sempre la strada giusta e non perdere l'orientamento in direzione del benessere mentale e fisico.

Sebbene il termine "depressione" possa spaventare, basta parlare con le persone che si frequentano ogni giorno per capire che molte di loro hanno vissuto - in prima per-sona o attraverso amici e parenti - in una certa misura, e almeno una volta nella vita, una situazione di questo tipo.

Molte volte si sente parlare di personaggi dello spettacolo o di altri settori che condu-cono un elevato tenore di vita che, da un momento all'altro, decidono di tagliare i ponti con quel mondo caotico e spersonaliz-zante per ritrovare sé stessi.

Persino Sir Winston Churchill, uno degli statisti e uomini politici più importanti del Regno Unito, ebbe delle gravi crisi depressive; questo, però, non compromise le sue grandi capacità di leadership nelle occasioni di emergenza nazionale (ma di questo ne parleremo nel capitolo finale).

Quando i protagonisti sono individui "normali" come studenti, casalinghe, insegnanti, operai, contabili e imprenditori, la notizia fa certamente meno rumore, ma bisogna capire che questo disturbo non dipende dalla propria posizione sociale, dal tasso di popolarità né tantomeno dalla disponibilità economica. Intesa in questo senso, la depressione appare estremamente democratica: a esserne colpito può essere davvero chiunque.

Chi vive in una condizione depressiva è spesso scoraggiato dalla lettura di ingombranti libri scientifici e accademici, pregni di nozioni tecniche e spiegazioni che spesso vanno ben oltre le proprie conoscenze. Letture di questo tipo sono certamente utili per chi è intenzionato ad approfondire degli aspetti della depressione dal punto di vista medico o psicologico, ma possono risultare alquanto ostiche e controproducenti a chi non ha gli strumenti per comprenderle a pieno.

Non è raro, infatti, che qualcuno si cimenti in un tentativo di "studio" da autodidatta e abbandonare tutto dopo poco tempo, con una sensazione di impotenza e inconcludenza che di certo non è d'aiuto, finendo poi per peggiorare le cose. Questo è stato un ulteriore motivo che mi ha spinto a scrivere un libro davvero accessibile; delle pagine nelle quali il lettore – che può essere una persona depressa ma anche semplicemente qualcuno che vuole essere di sostegno – possa riconoscersi ed entrare in possesso di strumenti utili nella quotidianità e rapportarsi meglio alla situazione vissuta e che in particolare sta vivendo.

Di solito chi è depresso nutre dei forti dubbi sulla sua persona ma anche su chi lo circonda, sul mondo esterno e sulle proprie prospettive future. Tale condizione diventa quindi fonte di sofferenza, di un costante senso di solitudine ed incomprensione, poi, in conseguenza, di disperazione. Ciò spiega perché la depressione viene indicata anche con l'espressione "male oscuro": tutto sembra essere avvolto da un velo di negatività e distacco, e risulta più razionale continuare a costruire dei muri che difendano la propria

persona dall'ambiente esterno piuttosto che provare a demolirli.

Gli effetti di questa situazione non tardano a manifestarsi anche a livello fisico: con il passare del tempo, infatti, questo stato mentale porta ad un progressivo indebolimento del sistema immunitario, con tutte le conseguenze che ciò comporta. Se soffri di depressione stai anche, ed inevitabilmente, subendo una sensibile diminuzione dell'energia vitale.

LE CAUSE DELLA DEPRESSIONE

Alla base della comparsa della depressione ci sono solitamente degli episodi gravi e destabilizzanti come una disgrazia o una malattia, che possono coinvolgere l'individuo in prima persona oppure indirettamente, e per questo hanno un impatto di grado diverso ma concreto sul suo equilibrio. Queste però non sono le uniche cause: anche la completa mancanza di fiducia in sé stessi, insieme ad altri fattori, rappresentano degli ostacoli che mettono a dura prova la propria serenità giorno dopo giorno o il raggiungimento di alcuni obiettivi che si erano prefissati.

In questo modo, la forza vitale diminuisce man mano e si cade in un profondo senso di apatia e di frustrazione: niente riesce a risvegliare il benché minimo interesse, nemmeno le sfide professionali o quelle che una volta erano le proprie passioni, e questo senso di continua impotenza e di passività verso il mondo circostante non fa che accrescere il livello di frustrazione. Questo insieme di elementi col passare del tempo si trasformano in una vera e propria depressione.

Pensare che a depressione dipenda da un'unica causa, però, non è propriamente corretto: si tratta infatti di un disturbo che ha alla base diversi motivi che hanno a che fare con aspetti genetici, biologici e psicosociali; se alcuni di essi possono essere più chiari e palesi, altri sono spesso difficili da identificare. Premesso che un fattore può essere più incisivo di un altro: quali sono le cause della depressione?

Cause da fattori genetici

Attualmente esistono numerosi studi che dimostrano il peso che ha la componente ereditaria nella comparsa della depressione. Si tratta di evidenze empiriche che riportano un rischio di depressione più marcato per i familiari di primo grado di pazienti con depressione maggiore: in questi casi, la percentuale di rischio è compresa tra 5% e

25%. Naturalmente ciò non vuol dire che in queste situazioni di correlazione statistica sarà inevitabile soffrire di questo disturbo, ma che la vulnerabilità è maggiore rispetto ad altri individui che non hanno un familiare di primo grado che ne soffre o ne ha sofferto in passato. Il fattore genetico, però, non spiega interamente il verificarsi del disturbo.

Nonostante questo, è possibile che la presenza di sintomi depressivi o di una vera e propria depressione in un parente possa essere riconducibile al verificarsi della stessa condizione nella tua vita.

La depressione clinica, nota anche come disturbo depressivo maggiore, è la forma più comune di depressione. La Stanford School of Medicine stima che il 10% delle persone sperimenterà questo tipo di depressione ad un certo punto della sua vita. È anche più probabile che questo tipo sia condiviso da fratelli e figli. Una persona con un parente che soffre di depressione ha quasi cinque volte più probabilità di svilupparla.

La ricerca ha esplorato la possibilità di una connessione tra geni e depressione. La depressione è ereditaria o sono coinvolti altri fattori?

Un gruppo di ricerca britannico ha recentemente isolato un gene che sembra essere prevalente in più membri della famiglia con depressione. Il cromosoma 3p25-26 è stato trovato in oltre 800 famiglie con depressione ricorrente.

Gli scienziati ritengono che ben il 40% di quelli con depressione possa rintracciarlo in un legame genetico. L'altro 60% è costituito da fattori ambientali e di altro tipo.

La ricerca ha anche dimostrato che le persone con genitori o fratelli che hanno la depressione hanno fino a tre volte più probabilità di avere la condizione. Ciò può essere dovuto a ereditarietà o fattori ambientali che hanno una forte influenza.

Una persona che cresce con qualcuno con depressione può essere più suscettibile alla malattia. Un bambino che guarda un genitore depresso o un fratello può imparare a imitare il comportamento di quella persona in determinate condizioni. Un bambino che vede un genitore trascorrere giorni a letto potrebbe non ritenerlo insolito.

Il genere può anche essere un fattore. Uno studio ha scoperto che le donne avevano una probabilità del 42% di depressione ereditaria, mentre gli uomini avevano solo una probabilità del 29%.

Cause da fattori psicosociali

Nella vita non è raro ritrovarsi ad affrontare degli eventi che possono essere anche molto stressanti per la propria psiche. Alcuni in particolare ricoprono un ruolo importante per lo sviluppo della depressione, soprattutto quando si tratta di perdite o cambiamenti radicali nel rapporto con delle persone vicine o con la propria "normalità", intesa come un vivere quotidiano che conferisce equilibrio e stabilità. Tra questi troviamo ad esempio:

- malattie fisiche

- separazioni coniugali

- difficoltà nei rapporti familiari

- gravi conflitti e/o incomprensioni con altre persone

- cambiamenti importanti di ruolo familiare

- cambiamenti di casa

- fallimenti lavorativi o economici

- essere vittime di un reato o di un abuso (anche in età infantile)

- perdita di una persona cara

- rottura di un matrimonio o fidanzamento

- problemi con la giustizia

- bocciature a scuola

Altre possibili cause

Una causa di primo o di secondo livello (ossia che si associa in seguito a una situazione negativa) della depressione è l'assenza di obiettivi a lungo termine che siano chiaramente definiti. Osservando sé stessi o altre persone, è infatti possibile notare dei primi sintomi nel momento in cui si raggiunge un traguardo importante. Per questo, prima di realizzarlo, stabilirne uno successivo diventa altrettanto importante: così facendo si avrà una prospettiva futura, si potranno fare programmi e pianificazioni e, di conseguenza, non si perderà l'orientamento una volta ottenuto ciò che si voleva ottenere.

Un'ulteriore causa sta nel fatto di concentrare in maniera eccessiva le proprie energie e il proprio focus su sé stessi, nell'introspezione e nel ripiegamento sulla propria interiorità. Un modo utile per evitare tale processo è dunque sforzarsi di dedicarsi agli altri, aiutando chi ne ha bisogno: così facendo si potrà distogliere l'attenzione dal fatto di aver bisogno di aiuto per sé stessi.

Anche uno squilibrio chimico all'interno dell'organismo può portare alla depressione, e ciò può essere dovuto (o aggravato) anche da una mancanza di adeguato esercizio fisico regolare. La depressione deriva infatti da un'alterazione della funzione dei sistemi monoaminergici (noradrenalina, serotonina, dopamina) che comporta la comparsa di disturbi di tipo somatico, cognitivo, emotivo e relazionale.

La serotonina e la noradrenalina ricoprono un ruolo importante all'interno dei nuclei cerebrali deputati al controllo di diverse funzioni; queste ultime si presenteranno alterate in caso di depressione, in particolar modo per quanto riguarda l'andamento dell'umore, l'affettività, il controllo di alcune funzioni cognitive, la regolazione del sonno e dell'appetito e la motivazione.

Data la condizione di marcata sensibilità di un individuo in tal condizione, anche la lettura continua di quotidiani o la visione frequente di telegiornali può condurre ad uno stato depressivo, proprio a causa delle notizie che vengono approfondite e riportate ogni giorno.

Purtroppo molte persone non sono al corrente o non ne hanno pienamente coscienza del fatto che i media rappresentano parte della realtà e puntano molto spesso su contenuti (anche montati e forzati) che girano attorno a visioni negative, all'allarmismo, alla paura e al disfattismo semplicemente perché toccano delle corde più profonde nelle persone, rivelandosi quindi più efficaci a livello di marketing soddisfacendo le aspettative della propria azienda mediatica ma venendo meno a discorsi legati alla sensibilità e all'esempio sociale.

Le cose alle quali pensiamo maggiormente ci definiscono e ci plasmano, e così facendo finiamo per diventare ciò che ci preoccupa di più, per diventare una merce passiva nelle mani sbagliate.

Anche avere una cerchia di amici o familiari dalla tendenza negativa e disfattista è un fattore da non sottovalutare. Essere circondati da persone con questi atteggiamenti è un'esperienza deprimente in sé, in quanto riescono ad essere contagiose nella loro negatività molto più di quanto riescano ad incidere in modo vantaggioso le persone normalmente positive.

Una depressione trascurata, che non viene quindi affrontata in alcun modo, arriva a spingere la persona in questione a isolarsi in maniera sempre crescente. Chi ne è colpito giunge infatti al punto di tralasciare anche degli aspetti fondamentali per la propria sussistenza, come la propria vita professionale ad esempio, mettendo da parte persino gli affetti familiari e ogni tipo di rapporto sociale. Si arriva insomma a una vera e propria disabilità sociale, che incide negativamente sulla qualità della vita dell'individuo colpito ma anche di chi lo circonda.

Le conseguenze fisiche

Secondo quanto riportato nel 2014 dall'American Heart Association (AHA), organizzazione che si occupa nello specifico della riduzione delle morti legate a ictus e problemi cardiaci, una situazione di questo genere comporta anche dei rischi maggiori per quanto riguarda la comparsa di malattie cardiovascolari e cerebrovascolari.

La depressione è tecnicamente un disturbo mentale, ma influenza anche la tua salute fisica e il tuo benessere. Sentirsi tristi o ansiosi a volte è una parte normale della vita, ma se questi sentimenti durano più di due settimane potrebbero essere sintomi di depressione. Tuttavia, la depressione clinica, specialmente se non trattata, può interrompere la vita di tutti i giorni e causare un effetto a catena di ulteriori sintomi.

La depressione influenza il modo in cui ti senti e può anche causare cambiamenti nel tuo corpo. La depressione maggiore (una forma più avanzata di depressione) è considerata una grave condizione medica che può avere un effetto drammatico sulla qualità della vita. Vediamo nel dettaglio quali possono essere le conseguenze della depressione sul tuo corpo.

Il sistema nervoso

La depressione può causare molti sintomi all'interno del sistema nervoso centrale, alcuni dei quali sono facilmente ignorabili. Gli anziani possono anche avere difficoltà a identificare i cambiamenti cognitivi perché è facile collegare i segni della depressione in relazione all'avanzare dell'età.

I sintomi della depressione includono una travolgente tristezza, dolore e senso di colpa. Può essere descritto come un sentimento di vuoto o di disperazione. Alcune persone potrebbero avere difficoltà a esprimere questi sentimenti a parole. Può anche essere difficile per loro capire perché i sintomi possono manifestarsi e causare reazioni fisiche. Frequenti episodi di pianto possono essere un sintomo di depressione, anche se non tutti coloro che sono depressi piangono.

Potresti anche sentirti stanco tutto il tempo o avere difficoltà a dormire la notte. Altri sintomi includono: irritabilità, rabbia e perdita di interesse per le cose che portavano piacere, incluso il sesso. La depressione può causare mal di testa, dolori cronici al corpo e dolore che potrebbe non rispondere ai farmaci.

Le persone con depressione possono avere difficoltà a mantenere un normale programma di lavoro o adempiere agli obblighi sociali. Ciò potrebbe essere dovuto a sintomi quali incapacità di concentrazione, problemi di memoria e difficoltà nel prendere decisioni.

L'apparato digerente

Mentre da un lato la depressione è considerata una malattia mentale, dall'altro svolge invece anche un ruolo importante nell'appetito e nella nutrizione. Alcune persone affrontano la depressione abbuffandosi di cibo. Ciò può portare ad un aumento di peso e a malattie legate all'obesità, come il diabete di tipo 2.

Potresti persino perdere completamente l'appetito o non riuscire a mangiare la giusta quantità di cibo nutriente. Un'improvvisa perdita di interesse per il cibo negli anziani può portare a una condizione chiamata

anoressia geriatrica. I problemi alimentari
possono portare a sintomi che includono:

- dolori di stomaco
- spasmi
- stipsi
- malnutrizione

Un fattore che può contribuire all'aumento
di peso è il "consumo emotivo" che si riferisce a una persona che "usa il cibo" per curare la depressione. Questi comportamenti
possono portare ad un aumento di peso nel
tempo.

Se qualcuno è in sovrappeso o obeso, i cambiamenti nell'immagine di sé, i problemi di
salute associati, possono anche contribuire
in modo negativo. La depressione può anche causare la perdita di peso. Perdita di appetito, bassa energia e motivazione che ren-
dono difficile la preparazione dei pasti, sintomi intestinali e altri fattori possono causare la perdita di peso in persone depresse.

Le persone che hanno disturbi alimentari, come l'anoressia nervosa, spesso hanno anche depressione. La perdita di peso nei disturbi alimentari può essere estrema e può causare una serie di sintomi fisici. Diversi studi hanno suggerito che la malnutrizione a causa di un'insufficiente assunzione di cibo può peggiorare la depressione, sebbene siano necessarie ulteriori ricerche a supporto della teoria.

Questi sintomi potrebbero non migliorare con i farmaci se una persona non si rivolge ad una dieta corretta. Dolci e cibi ricchi di carboidrati possono fornire un sollievo immediato, ma gli effetti sono spesso temporanei.

È importante mantenere una dieta sana in caso di depressione. I nutrienti sono essenziali per assicurarsi che i neurotrasmettitori del corpo si attivino correttamente.

Il sistema cardiovascolare e immunitario

Depressione e stress sono strettamente correlati. Gli ormoni dello stress accelerano la frequenza cardiaca e stringono i vasi sanguigni, mettendo il tuo corpo in uno stato di emergenza prolungato. Nel tempo, questo può portare a malattie cardiache. La ricorrenza di problemi cardiovascolari è più strettamente legata alla depressione che ad altre condizioni come:

- fumo
- diabete
- ipertensione
- colesterolo alto

Non trattata, la depressione aumenta il rischio di morire dopo un infarto. Le malattie cardiache sono anche un fattore scatenante per la depressione. La Cleveland Clinic stima che circa il 15% delle persone con malattie cardiache sviluppa anche una depressione maggiore.

La depressione e lo stress possono avere un impatto negativo sul sistema immunitario, rendendoti più vulnerabile alle infezioni e alle malattie. Una ricerca ha esaminato gli studi e ha scoperto che sembrava esserci una relazione tra infiammazione e depressione, sebbene l'esatta connessione non sia chiara. L'infiammazione è legata a molte malattie, come lo stress. Alcuni agenti antinfiammatori hanno dimostrato di garantire benefici ad alcune persone con depressione.

La fatica

Le persone depresse spesso hanno la sensazione che non importa quanto dormano, non si sentono mai riposate. Potrebbero avere difficoltà a alzarsi dal letto la mattina o fare fatica a svolgere attività della vita quotidiana, come fare il bagno o fare le faccende domestiche.

Sebbene avere poca energia possa certamente essere correlato a un sonno scarso, la ricerca ha indicato che il rapporto tra depressione e affaticamento è più complesso. La fatica non è solo uno degli effetti fisici più comuni della depressione, ma tende ad essere uno dei fattori di per sé più difficili da trattare. Uno studio del 2010 ha scoperto che anche dopo aver iniziato ad utilizzare un antidepressivo, la fatica persisteva in circa l'80% delle persone con depressione maggiore.

La depressione e l'affaticamento possono diventare parte di un ciclo in cui la bassa energia in corso e la diminuzione della motivazione peggiorano la depressione. Pertanto, affrontare adeguatamente l'affaticamento è una parte cruciale della creazione di un piano per il trattamento efficace a vantaggio delle persone depresse.

Sintomi psicomotori

Il termine "psicomotorio" si riferisce a sintomi che fanno sentire una persona come se stesse pensando e / o muovendosi a un ritmo diverso dal solito.

Ad esempio, alcune persone con depressione percepiscono i loro pensieri come lenti e sentono che i loro movimenti sembrano pesanti. Altri manifestano sintomi all'estremità opposta. Potrebbero dire che "non riescono a stare fermi" o che si sentono "irrequieti e agitati".

Mentalmente, possono sperimentare pensieri ansiosi. In una certa misura, i sintomi psicomotori diventano più comuni quando qualcuno invecchia.

Per questo motivo, i medici e i professionisti della salute mentale devono anche considerare la possibilità che i cambiamenti psicomotori possano essere un segno di depressione piuttosto che solo una parte dell'invecchiamento.

La depressione vista dagli altri

Per via della consapevolezza ancora molto scarsa che la maggior parte delle persone ha maturato riguardo la serietà di una condizione come la depressione, non è raro purtroppo ritrovarsi ad ascoltare affermazioni che banalizzano le diverse cause che ne stanno alla base. Sono molti i luoghi comuni che orbitano intorno al concetto di depressione: dal generico "momento di stanchezza" per questo o quel possibile motivo a un non meglio identificato malessere "stagionale", passando per la classica "tensione" familiare o sul luogo di lavoro e arrivando all'eccessivo stress. Se fosse davvero così, però, saremmo tutti depressi!

Come se non bastasse, c'è un'altra tendenza molto diffusa: quella che vede l'attribuzione delle cause della depressione alla personalità di chi ne è colpito oppure a delle precise circostanze esterne. Alla base di questi giudizi approssimativi vi è purtroppo una profonda carenza di informazioni corrette dal punto di vista scientifico, e la conseguenza diretta di questi ultimi è l'intensificazione dei sensi di colpa da parte della persona depressa, che crede di esserne la causa scatenante e, al tempo stesso, non sa come uscirne. Una situazione di questo genere porta a un profondo senso di frustrazione, oltre alla sensazione di non poter ricevere comprensione e ascolto, aggravando dunque lo stato di sofferenza di chi sta già male.

Per evitare tutto ciò diventa necessario, da parte di chi ha contatti con la persona depressa, fare uno sforzo mentale e accettare che si tratta di una malattia vera e propria, nonostante i sintomi non siano visibili e "tangibili" come quelli di un disturbo fisico di altro tipo. Questo rappresenta un primo aiuto reale per chi ne sta soffrendo.

Come precedentemente detto, un altro errore molto frequente consiste nel ritenere che la persona depressa sia semplicemente triste, avvilita per qualche motivo specifico e temporaneo o, ancora peggio, mentalmente pigra, "debole di carattere" e "incapace di reagire alle difficoltà". Queste considerazioni non rispecchiano la realtà: la depressione infatti non dipende dalla volontà dell'individuo, la responsabilità non è assolutamente né sua né di nessun altro; non c'entra il "mettercela tutta" né tantomeno il "farlo di proposito", non si tratta di "approfittarsene" e non è vero che "starebbe meglio se soltanto si sforzasse un pochino", o che sarebbe il caso di reagire "come ho fatto io quella volta in cui sono stato male".

Tutti questi cliché rimasticati più e più volte circolano perché dall'esterno sembra inconcepibile il fatto che una persona apparentemente sana (perché non mostra sintomi fisici, come detto) non riesca ad andare in ufficio, a fare una passeggiata o a incontrare gli amici per una serata in compagnia, trascorrendo ore e ore sul divano e trascurando i rapporti sociali.

Eppure, per chi soffre di depressione è proprio così, e la stessa mancanza di energia vitale, di motivazione e di forza di volontà non fa che nutrire la patologia. Diventa necessario pertanto evitare di esortare all'essere ottimisti, sminuendo la percezione di chi la malattia la vive in prima persona ("va tutto bene, perché ti preoccupi tanto?") o facendo leva sull'orgoglio ("non ti vergogni a restare tutto il giorno a casa mentre gli altri si guadagnano da vivere?") e sulla buona volontà ("fai uno sforzo, prova almeno a giocare a tennis").

Naturalmente molte di queste esortazioni hanno un obiettivo che non è affatto negativo ("cerco solo di scuoterlo, non posso vederlo sprecato così"), ma queste continue sollecitazioni non fanno che peggiorare il livello di sconforto, schiacciando ulteriormente la già bassa autostima e aumentando così il senso di solitudine del depresso. In altre parole, insomma, si ottiene l'effetto opposto rispetto a quello sperato, finendo con l'aggravare l'intera situazione al posto di migliorarla.

La depressione sta dunque ad indicare una gestione delle emozioni non più sotto il controllo dell'individuo, un mancato adattamento agli stress della vita, ove il suo sistema di trasformazione dell'energia tensionale non è più in grado di funzionare come dovrebbe.

Come bisognerebbe comportarsi allora?

La cosa migliore da fare sarebbe assumere un atteggiamento di comprensione ("so che stai male, che non ce la fai, ma non ti preoccupare: vedrai che con le cure giuste passerà") e di reale vicinanza emotiva ("mi dispiace che stai soffrendo così, farei di tutto per aiutarti"), esattamente come ci si comporterebbe se la persona cara avesse una broncopolmonite o un femore rotto.

Un altro appunto da tenere a mente: non è sempre necessario affrontare l'argomento a parole; a volte basta infatti far percepire la propria vicinanza ed empatia con un gesto pratico e concreto, come può essere preparare una tisana calda oppure portare le medicine con un po' d'acqua; semplici azioni di questo tipo possono valere più di mille frasi. E, se proprio non si sa come essere utili, è bene sapere che spesso basta offrire attenzione e ascolto: una vicinanza silenziosa ma emotivamente partecipata e rispettosa si rivela di grande conforto.

Non aspettatevi che la persona da accudire si apra a voi come un libro aperto, lei potrebbe essere poco comunicativa ma, in realtà, ha soltanto paura di esprimere la sensazione di minaccia incombente che la pervade perché pensa di essere presa in giro o che la si riterrà pazza tale da essere ricoverata in manicomio.

Ovviamente non è facile mettere in pratica tutti questi accorgimenti: restare vicino a chi soffre di depressione a volte può essere davvero molto impegnativo e anche logorante, sul piano emotivo. Bisogna mettere in conto, infatti, oltre a tutte le limitazioni che comporta il prendersi cura di una persona con un'importante malattia fisica, anche il peso psicologico di combattere contro un disturbo che è apparentemente "invisibile" e che talvolta risponde così lentamente alle cure (che purtroppo richiedono del tempo) che in alcuni momenti "nulla sembra servire".

Pur nel profondo rispetto della sofferenza e del bisogno di tranquillità di chi sta male, è importante che la vita sociale e familiare di chi si trova "dall'altra parte" continuino, anche se a regime ridotto perché rinnovarsi attraverso altre esperienze fa sempre bene a sé stessi e agli altri.

I 36 CONSIGLI PER DISGREGARE LA DEPRESSIONE

Consiglio n.1 - Prendere atto del problema

"Le mie forze creative sono state ridotte ad un'irrequieta indolenza. Non ho fantasia, nessun sentimento per la natura, e leggere mi è diventato ripugnante. Quando siamo derubati di noi stessi, siamo derubati di tutto!"

L'autore di queste parole è il celebre poeta e drammaturgo tedesco Johann Wolfgang Goethe, che ha dato una resa piuttosto chiara e precisa delle sensazioni che si provano quando si è depressi. Naturalmente le emozioni e le sensazioni non sono mai identiche per tutti: non c'è una depressione che sia uguale per ogni persona; ogni caso ha le sue problematiche specifiche e, di conseguenza, il suo grado di gravità e di difficoltà.

La base comune sta nel fatto che ognuno prima o poi dovrà prendere in mano la situazione e decidere di affrontare questo "mostro", piccolo o grande che sia; riguardo ai modi concreti per farlo giorno per giorno, li tratteremo insieme proprio in questo libro.

Il primo passo fondamentale per sconfiggere la depressione consiste nell'imparare a riconoscere e dunque cercare di modificare i propri pensieri disfunzionali. In poche parole, si tratta di pensieri che si manifestano in maniera automatica nel momento in cui si tenta di elaborare alcuni eventi, rari o quotidiani che siano. Ecco alcuni dei pensieri più diffusi e frequenti per chi soffre di depressione:

Leggere nel Pensiero - Presumiamo di sapere esattamente cosa passa per la testa di chi ci sta di fronte, senza avere prove reali e sufficienti a sostegno delle proprie convinzioni (es.: "Tizio o Caio pensa che io sia un perdente").

Predire il futuro - Formuliamo previsioni esclusivamente negative per il futuro, profetizzando un inevitabile peggioramento di una data situazione o un pericolo imminente ("non passerò mai l'esame/non riuscirò a ottenere in nessun modo quel posto di lavoro"). Catastrofismo - Siamo convinti che ciò che accadrà sarà così terribile da non poterlo assolutamente tollerare ("non riuscirei a sopportare un fallimento").

Etichettare noi stessi o gli altri - Attribuiamo tratti complessivamente negativi a noi stessi e agli altri ("non potrò mai piacere a nessuno").

Tendenza a minimizzare gli aspetti positivi - Consideriamo insignificante o di scarso valore ciò che di positivo è stato portato a termine da noi o da altre persone ("è stato facile, lo avrebbe potuto fare chiunque").

Generalizzazione eccessiva - Percepiamo un quadro generale negativo anche partendo da un singolo episodio che non è positivo; andiamo quindi oltre l'esperienza isolata compiendo una generalizzazione che va a toccare tutta la nostra vita ("sbaglio sempre tutto").

"Devo, si deve, gli altri dovrebbero" - Ci concentriamo solo sui doveri e sulle aspettative rigide che abbiamo sulla realtà e sulle persone. Interpretiamo gli eventi mettendoli in relazione a quelle stesse aspettative e alle nostre richieste invece di concentrarci semplicemente su ciò che sono ("devo farlo bene altrimenti sono un fallito").

Pensare che sia tutto bianco o nero - Questo modo di pensare ci porta a considerare gli eventi e le persone secondo una prospettiva binaria, di tutto o niente; in questo modo ci si abitua a vedere la realtà o completamente positiva o totalmente negativa, senza sfumature né vie di mezzo ("verrò rifiutato da tutti").

Tendenza alla personalizzazione - Con il termine "personalizzazione" indichiamo in questo caso la tendenza a porre gli eventi in relazione a noi stessi, addossandoci la colpa di quelli negativi in misura esagerata, senza tenere conto del fatto che in alcuni casi la responsabilità può essere anche di altri ("la mia storia è finita per colpa mia").

Incolpare gli altri - Pensiero opposto a quello precedente: ci convinciamo che gli altri siano la causa dei nostri sentimenti negativi e rifiutiamo di assumerci la responsabilità di cambiare noi stessi ("sono solo a causa sua").

Fare confronti scorretti - Interpretiamo gli eventi in base a degli standard irrealistici, per esempio concentrando la nostra attenzione principalmente su chi fa meglio di noi. Paradossalmente, di rado, facciamo paragoni su chi invece sta peggio ("hanno tutti più successo di me").

Tendenza ad avere rimpianti - Rimaniamo ancorati all'idea che in passato avremmo potuto fare meglio, invece di concentrarci su quello che possiamo migliorare nel momento presente ("se ci avessi provato, avrei potuto avere una vita migliore").

Ragionamento emotivo - Il nostro atteggiamento è tale da lasciare che siano le emozioni a guidare la nostra interpretazione della realtà ("mi sento depresso, quindi la nostra storia non funziona").

Enfasi sul giudizio - Valutiamo noi stessi, gli altri e gli eventi in base a giudizi come buono/cattivo o superiore/inferiore, invece di limitarci a descrivere, accettare o comprendere con una mentalità più aperta. Giudichiamo sempre tutto in base a dei criteri arbitrari, per poi scoprire che non c'è niente che possa soddisfare le nostre aspettative ("se decidessi di iniziare a giocare a scacchi, so già che farei pena"). Incapacità di accettare prove contrarie - Rifiutiamo ogni prova o argomento che possa contraddire i nostri pensieri negativi. Di conseguenza, questo pensiero non potrà mai essere confutato, e poiché diventa impossibile dimostrare che il pensiero negativo è sbagliato, continuiamo a crederci.

L'aspetto diagnostico più importante è la pervasività dei sintomi (ossia la loro costanza e durata nel manifestarsi), ma non è detto che questi si manifestino tutti e allo stesso tempo. Si parla di depressione quando questi sintomi si presentano sistematicamente ogni giorno per quasi tutto il giorno, per una durata di almeno 15 giorni, causando dunque un disagio clinico significativo e compromettendo il normale funzionamento sociale, lavorativo o relativo ad altri aspetti importanti per la persona.

Consiglio n.2 - Accettare l'aiuto di un medico

Se abbiamo il sospetto di soffrire a causa di disturbi depressivi è necessario consultare subito un professionista. Chi contattare? Le figure professionali utili in questi casi sono principalmente tre:

Medico di base - Indispensabile per il primo approccio, di solito prescrive dei farmaci leggeri per facilitare una remissione spontanea e ne controlla gli effetti valutando se sia il caso di prescrivere una visita specialistica.

Specialista (psichiatra o neurologo) - È in grado di identificare con maggiore accuratezza il tipo di disturbo in questione e prescrivere una terapia specifica.

Terapeuta (psicologo o psicoterapeuta) - Identifica il meccanismo psicologico che provoca il disturbo dell'umore e interviene modificando i percorsi mentali e il loro sistema di elaborazione; non prescrive farmaci.

Come accade in ogni rapporto, perché sia funzionale ci si dovrà sentire completamente a proprio agio. Per riuscirci è quindi importante trovare la persona giusta che possa davvero aiutarci a trovare e perseguire una cura efficace; a questo proposito sarà necessario scegliere se affidarsi a uno psicologo di genere maschile o femminile, e con l'approccio che si ritiene più adatto alla propria situazione.

Forse non tutti ne sono al corrente, ma gli psicologi non seguono un'unica "scuola di pensiero", quindi non agiscono indifferentemente nello stesso modo: ognuno procede secondo un approccio filosofico ben definito, e in questo saggio cercherò di approfondire delle tecniche che si avvicinano a quello cognitivo-comportamentale, e che per alcuni aspetti toccano anche altri approcci psicoterapeutici.

Naturalmente, non essendo io uno psicologo, non è mia intenzione proporre una terapia vera e propria: mi limiterò a presentare un determinato "programma" che si basa sulla mia esperienza personale (oltre che sull'osservazione di situazioni patologiche altrui) e che può essere senz'altro utile ai fini terapeutici. Per capire meglio di cosa si tratta, bisogna sapere che il metodo cognitivo-comportamentale presuppone l'esistenza di una relazione tra le emozioni, i pensieri e i comportamenti e sottolinea il modo in cui i problemi a livello emotivo derivino da pensieri disfunzionali (come quelli elencati in precedenza) che perdurano nel tempo. Questo tipo di approccio terapeutico ha quindi l'obiettivo di cambiare queste determinate convinzioni attraverso l'uso di comportamenti, creando di conseguenza dei meccanismi completamente nuovi e positivi nella mente del soggetto che soffre di depressione.

Per contribuire attivamente a questo cambiamento graduale e continuo, il paziente dovrà impegnarsi e portare avanti delle attività costruttive ben precise; in seguito verranno esaminati e valutati i riscontri, che comprenderanno il miglioramento dello umore e la modifica delle convinzioni negative grazie alle proprie capacità personali e alla possibilità di poter gestire alcuni pensieri ben precisi. È possibile cominciare a lavorare in modo più diretto sulle componenti cognitive attraverso dei comportamenti che di seguito spiegherò.

Consiglio n.3 - Sfrutta la tua fantasia

Da bambini venivamo spronati continuamente a usare la fantasia: a scuola, a casa, durante il gioco con fratelli e amici, ogni momento era buono per allenarla e sviluppare delle capacità creative che davano quel tocco di personalità e originalità in più alle attività che si svolgevano e ai progetti che si portavano avanti. Quando si diventa adulti, queste capacità non vengono sempre incoraggiate: la realtà richiede un livello di lucidità e razionalità che spesso porta a escludere ogni tipo di atteggiamento che esula da questo modello.

Eppure, la fantasia si dimostra uno degli strumenti più utili in assoluto in questo contesto, in quanto può essere sfruttata per creare un immaginario che contribuisca alla costruzione di pensieri funzionali.

Immagina la tua mente, la tua energia vitale e i tuoi desideri come un fiume, e immagina che il corso di questo fiume viene ostacolato e rallentato dalla presenza di massi, tronchi, assi di legno e sterpaglie.

Tutti questi intralci non permettono al fiume di fluire come dovrebbe, e a volte finiscono per bloccargli la via. Nella nostra mente questi "blocchi" non sono nient'altro che i nostri pensieri negativi, che, a dispetto del loro "piazzamento" dovranno essere messi da parte.

Sì, ma come fare?

Per riuscirci bisogna eseguire un lavoro di "pulizia" certosino, eliminando tutto ciò che potrebbe anche lontanamente ostacolare e limitare il corso del "fiume", ossia della nostra energia vitale.

Alla luce di questi esempi, diventa chiaro che sfruttare la fantasia non significa creare mentalmente un mondo parallelo isolato e distante, che non ha punti di contatto con la realtà; al contrario, significa immaginare una realtà simbolica e sforzarsi di gestire le azioni necessarie applicandole in alcune situazioni e in alcuni momenti della giornata.

L'immaginazione è la simulazione mentale di cose ed eventi che non sono attualmente percepiti. Quando osserviamo il mondo, costruiamo una versione mentale di ciò che stiamo percependo sulla base delle informazioni sensoriali in arrivo e dell'esperienza precedente. Queste rappresentazioni interne possono diventare ricordi o possono essere usate per immaginare scenari futuri o fittizi.

L'immaginazione utilizza regioni cerebrali come la corteccia visiva e la corteccia uditiva (che forniscono al nostro cervello informazioni da ciò che i nostri sensi stanno sperimentando o hanno sperimentato) e regioni di recupero della memoria come l'ippocampo (che ci aiutano a usare le esperienze precedenti per prevedere cosa potrebbe accadere dopo). Inoltre, l'immaginazione utilizza una rete simile di regioni cerebrali come fanno la percezione e la memoria.

Quando incontriamo un pensiero negativo, sperimentiamo sia una risposta neurale (si attivano alcune regioni del nostro cervello come l'elaborazione sensoriale e della memoria) sia una risposta fisiologica a questo malessere. Bisogna immaginare che uno stimolo di minaccia attiva processi emotivi in risposta allo stato negativo.

Ma poiché nel pensiero negativo non vi è alcun pericolo immediato quando è nella nostra testa, l'immaginazione ripetuta aiuterà a staccare lo stimolo dalla minaccia attesa perché non vi è nulla. Ciò indebolisce l'associazione del cervello tra stimolo e risultato atteso. Di conseguenza, riduce anche gli effetti neurali e fisiologici che si verificano in risposta.

Al fine di studiare l'impatto dell'utilizzo dell'immaginazione, i ricercatori hanno insegnato a 66 partecipanti a provare un pensiero negativo relativamente innocuo, ricevendo una piccola scossa elettrica dopo aver sentito un suono alto o basso. I partecipanti sono stati divisi in tre gruppi.

Al primo gruppo è stata data la tradizionale terapia dell'esposizione, dove hanno ascoltato di nuovo gli stessi suoni, senza ricevere uno shock. Al secondo gruppo è stato chiesto di immaginare di sentire gli stessi suoni, anche senza ricevere uno shock. Infine, il terzo gruppo ha ascoltato canti di uccelli e pioggia (anche senza lo shock), per testare l'efficacia dell'esposizione e del trattamento dell'immaginazione.

Successivamente, i ricercatori hanno riprodotto gli stessi suoni associati alla minaccia (scosse elettriche) ai partecipanti. I ricercatori hanno misurato se il cervello dei partecipanti in ciascun gruppo ha mostrato una risposta alla paura del pensiero negativo usando la risonanza magnetica funzionale.

Hanno quindi usato queste misurazioni per confrontare quali regioni del cervello sono state attivate durante i test - e quanto forte è stata la risposta - tra i tre gruppi.

I ricercatori hanno scoperto che l'uso dell'immaginazione per ridurre la risposta alla paura dei pensieri negativi ha funzionato. Quando i soggetti sono stati riesposti alla minaccia, sono state ridotte sia l'attività cerebrale correlata alla minaccia sia le risposte fisiologiche. Queste riduzioni erano ugualmente efficaci come quelle del gruppo di terapia dell'esposizione. Il terzo gruppo di controllo che ha ascoltato i canti degli uccelli e la pioggia aveva ancora lo stesso grado di paura dopo la riesposizione.

Di seguito la testimonianza personale della psicologa e psicoterapeuta Luana Serafini (tratta dal suo blog) di come, in una determinata situazione oppressiva, una qualsiasi persona – anche non affetta da depressione - possa cercare e trovare attraverso l'immaginazione un miglioramento del proprio stato emotivo:

"Ogni volta che mi sembra di non avere via d'uscita perché qualsiasi cosa io faccia pare inutile a risolvere la situazione, nella mia mente si crea l'immagine di trovarmi in una stanza buia senza via d'uscita. Tempo fa ho letto da qualche parte, ma onestamente non ricordo dove, una frase metaforica che diceva che spesso ci si lamenta del buio piuttosto che accendere una luce. L'ho trovata letteralmente illuminante infatti da allora, quando nella mia mente si forma l'immagine di essere avvolta dal buio con le inquietanti emozioni associate, inizio a cercare una lampadina.

Ovviamente è stata un'acquisizione graduale, sono infatti serviti vari tentativi prima di arrivare a far succedere all'immagine della stanza buia quella di una lampadina che aspetta solo di essere accesa o una finestra che può essere aperta.

Nella realtà questa evoluzione positiva dell'immagine si trasforma in calo del senso di oppressione e in spinta a cercare una soluzione. L'animo che vive la spinta a muoversi piuttosto che razzolare nello sconforto è un animo più forte al di là della soluzione e la persona ha più probabilità di tornare a star bene. Funziona sempre? Io non sempre trovo una soluzione alla situazione che in quel momento mi crea difficoltà ma rispetto la percezione di me stessa mi sento come se avessi comunque potere di muovermi, di scegliere se disperarmi o migliorare. La possibilità di scegliere è un elemento costitutivo della libertà e sentirsi liberi è ossigeno per la mente".

Consiglio n.4 - Impara a prenderti cura della tua persona

Molte volte si tende a pensare che prendersi cura di sé sia una prerogativa di chi si preoccupa più dell'apparenza che dell'essenza, come se fosse qualcosa di sbagliato che appartiene principalmente a chi è vanitoso o molto sicuro di sé stesso. Si tratta di convinzioni errate e legate ad una sorta di colpevolizzazione di chi si cura realmente del proprio benessere (esteriore e interiore).

Fermo restando che comunque non bisogna mai esagerare, ritagliarsi del tempo da dedicare alla propria persona è assolutamente necessario per cominciare a volersi bene ed imparare a prendersi cura di ciò che si è; un'attenzione che non è affatto superflua quindi, e che aiuta a riconoscere il proprio valore e la propria identità.

Nella maggior parte dei casi, chi è depresso è convinto di non meritare questo auto apprezzamento, svalutandosi ogni volta che può. Ma comprendere le proprie azioni senza preoccuparsi troppo di darsi sempre dei giudizi severi e senza cedere alla tendenza autodistruttiva e negativa è un passo fondamentale per uscirne fuori. La realtà a volte è molto difficile da affrontare, è vero, ma lo è per tutti, e non c'è nessuna situazione che non può essere gestita; l'importante è comprenderne i meccanismi e i possibili risvolti.

A proposito di accettazione della realtà, poi, può essere interessante approfondire la questione del rapporto che si ha con la propria età.

Una volta oltrepassati i XMR rispetto a quella che si aveva molto tempo prima.

Chi non vorrebbe restare per sempre giovane e forte, a dispetto del trascorrere degli anni?

Da secoli l'uomo cerca delle soluzioni per evitare l'invecchiamento imminente e prolungare il più possibile la fase più fiorente della propria vita, quando le energie fisiche e mentali sembrano non esaurirsi davvero mai.

Da sempre, infatti, l'essere umano sembra andare alla ricerca di una sorta di "pozione magica" in grado di regalargli l'eterna giovinezza. Eppure, bisognerebbe imparare ad accettare le diverse fasi della propria vita, non con rassegnazione o scoramento, ma semplicemente con una visione oggettiva delle cose, con la giusta dose di saggezza e serenità. Invecchiare fa parte del normale ciclo della vita, non dev'essere quindi inteso come qualcosa di negativo o di preoccupante da evitare a tutti i costi.

Ovviamente, come detto, ciò non vuol dire lasciarsi andare e pensare che ormai quel che è fatto è fatto e che non si ha più possibilità di agire sul corso delle cose; semplicemente bisognerebbe riuscire ad avere una serenità tale da accettare i cambiamenti che avvengono nel corso della vita, che possono essere esterni ma anche interni.

La depressione può accadere a chiunque di noi mentre invecchiamo, ma ci sono espedienti per migliorare il modo in cui ti senti e rendere la terza età più sana e felice. Hai perso interesse per le attività che ti piacevano? Hai difficoltà con sensazioni di impotenza e disperazione? Sembra sempre più difficile superare la giornata? Se è così, non sei solo. La depressione dunque può essere contratta da chiunque di noi dopo la mezza età, indipendentemente dal nostro background o dalla nostra vita.

Sfortunatamente, troppi anziani depressi non riescono a riconoscere i sintomi della depressione o non prendono le misure necessarie per ottenere l'aiuto di cui hanno bisogno. Come risolvere?

È un mito pensare che dopo una certa età gli adulti più anziani non possano apprendere nuove abilità, provare nuove attività o apportare nuovi cambiamenti nello stile di vita. La verità è che il cervello umano non smette mai di cambiare, quindi come un adulto più grande, sei altrettanto capace come un giovane di imparare nuove cose e adattarti a nuove idee che possono aiutarti a guarire dalla depressione.

Superare la depressione implica trovare nuove cose che ti piacciono, imparare ad adattarti ai cambiamenti, rimanere fisicamente e socialmente attivi e sentirti connesso alla tua comunità e ai tuoi cari. Se sei depresso, potresti non voler fare nulla o vedere nessuno. Ma l'isolamento non fa che peggiorare la depressione. Da solo, può essere difficile mantenere una prospettiva positiva e sostenere lo sforzo richiesto per sconfiggere la depressione. Ecco perché il supporto è importante, quindi fai uno sforzo per connetterti agli altri e limita il tempo che sei solo.

Esci nel mondo.

Cerca di non rimanere rinchiuso a casa tutto il giorno. Vai al parco, fai una gita, pranza con un amico, visita un museo oppure vai ad uno spettacolo. Prenditi cura di un animale domestico.

Un animale domestico può farti compagnia e portare a spasso un cane, ad esempio, può essere un buon esercizio per te e un ottimo modo per incontrare persone. I proprietari di cani adorano parlare tra di loro mentre gli animali giocano insieme.

Utilizza il tuo tempo per aiutare gli altri e sentirti meglio con te stesso. In questo modo potrai espandere il tuo network di relazioni. Ci sono decine di associazioni in ogni città che sono alla ricerca di persone che vogliono dedicare il proprio tempo ai meno fortunati. Unisciti a loro per riempire le tue giornate di gioia e di altruismo. Per superare la depressione - e impedirne il ritorno - è importante continuare a sentirsi impegnati e godere di uno scopo forte nella vita.

Con l'avanzare dell'età, la vita cambia e puoi perdere cose che in precedenza occupavano il tuo tempo e che davano alla vita il suo significato. La pensione, la perdita di amici intimi o persone care, il trasferimento dalla rete sociale e i cambiamenti nelle finanze, nello stato o nella salute fisica possono influire sul tuo umore, sulla fiducia e sul senso di autostima.

Ma ci sono ancora molti modi in cui puoi trovare un nuovo significato nella vita e continuare a sentirti impegnato nel mondo.

Consiglio n.5 - Comincia dalle piccole azioni

La totale mancanza di motivazione e di energia sufficiente per affrontare nuove sfide e situazioni porta la persona depressa a ridurre progressivamente le attività svolte giorno per giorno, arrivando a trascurare faccende, compiti e responsabilità di ogni tipo e delegando il più possibile gli altri. In questo modo, saranno sempre le persone circostanti ad affrontare le varie situazioni e prendere decisioni, per compensare tale assenza.

Arrivare a non fare più ciò che si ama fare o a non alimentare più stimoli per affrontare nuove esperienze preclude la possibilità di sperimentare delle emozioni e degli eventi positivi. Naturalmente ciò non vuol dire nemmeno che bisogna imporsi di fare tante attività tutte insieme: stando in uno stato depressivo, infatti, anche delle singole azioni sembrano degli ostacoli enormi da superare, azioni che richiedono di conseguenza un'ingente quantità di energia; sovraccaricarsi in questo senso non è utile, anzi, potrebbe "prosciugare" precocemente le proprie forze e finire per aumentare il senso di impotenza e scoraggiamento.

Le tecniche cognitive permettono alla persona depressa di acquisire pian piano una maggiore consapevolezza dei propri pensieri, delle proprie possibilità e delle proprie convinzioni, per migliorare in un processo lento e costante; in questo modo si riuscirà a gestire in maniera efficace e costruttiva la propria sofferenza, andando ad attenuarne man mano gli effetti deleteri, cancellandone pian piano l'ombra che si proietta sulla quotidianità.

COME PASSARE LA GIORNATA

Premessa

La "giornata tipo" non è uguale per ognuno di noi: chi lavora in ufficio e ha dei figli da seguire ha una quotidianità che è scandita da orari e impegni diversi rispetto a chi vive da solo e svolge magari il proprio mestiere da casa; ma anche due colleghi di lavoro con la stessa situazione familiare possono avere delle differenze in quest'ottica: ognuno ha le proprie esigenze e le proprie preferenze, che inevitabilmente plasmano il modo in cui si è soliti trascorrere le giornate.

Per fornire uno schema il più neutro possibile (e che si presti quindi alle declinazioni più disparate) prenderò come riferimento la giornata di una persona che non svolge alcun lavoro, e che non ha dunque impegni di nessun tipo al di fuori della cura della propria persona.

Chi ha un lavoro dovrà quindi necessariamente sfruttare la fantasia (vedi Consiglio
n.3) per trovare tempo e spazio adeguati a
dedicarsi ad alcune azioni, integrandole in
quella che è la propria quotidianità personale e professionale.

Consiglio n.6 - Comincia la giornata

Qualsiasi progetto è legato nei suoi molteplici aspetti a delle ancore spazio - temporali. In altre parole, appena svegli non bisogna necessariamente tirarsi subito su e scendere dal letto: la costrizione non rientra nemmeno lontanamente nella lista di cose che possono essere funzionali per il raggiungimento del nostro obiettivo e non deve far parte del modo di affrontare il problema della depressione.

In ogni caso, appena si è pronti, si darà inizio alla giornata recandosi in bagno e dedicandosi alla propria igiene personale. Trascurarla è purtroppo un effetto collaterale molto comune della depressione, dunque non sentirti offeso da quello che sto per dirti. Sebbene tu non possa pensare di combattere la depressione semplicemente prendendoti cura del tuo aspetto fisico o trasformando il tuo look, se dedichi del tempo anche a questi aspetti ti sentirai decisamente meglio con te stesso.

Se stiamo in un periodo caldo dell'anno cerca di fare una doccia ogni giorno per la sua proprietà rigenerante e, naturalmente, nei periodi più freddi non è necessario farla ogni giorno ma sarà comunque preferibile "lavarsi a pezzi" e usare dell'acqua calda o tiepida, per rendere il tutto più piacevole (ricorda che ogni azione può costituire una distrazione dalla negatività). Passa poi al lavaggio accurato dei denti: non è un segreto che l'igiene dentaria e la freschezza che né deriva influenzano positivamente la mente e il corpo. Infine, pettina i capelli e acconciali come più ti piace.

Cerca di apparire sempre presentabile quando affronti il mondo: questo aumenterà in maniera considerevole la fiducia in te stesso e, di conseguenza, migliorerà la tua capacità di relazionarti con ciò che ti circonda. Se pensi che l'essere in sovrappeso rientri fra le cause del tuo disagio, l'obiettivo di perdere qualche chilo ti aiuterà a migliorare il tuo umore e a sviluppare una mentalità più aperta.

Consiglio n.7 - Fai colazione

Oltre a rappresentare per molti esperti nutrizionisti il pasto più importante di tutta la giornata, la prima colazione ha un ruolo centrale anche per quanto riguarda la ritualità che, nel nostro caso, andrà pian piano assimilata.

Dunque, è fondamentale che, una volta svegli, ci si preoccupi di fermarsi e prendersi tutto il tempo necessario per fare colazione senza alcuna fretta, e cominciare così la giornata con il piede giusto. La colazione infatti, oltre ad assicurare al nostro organismo le energie necessarie per affrontare gli sforzi mentali e fisici che seguiranno, rappresenta anche un sostegno per il nostro corpo, in quanto lo aiuta ad abituarsi a un ritmo che vede alternarsi la sensazione di fame e quella di sazietà, dal mattino fino a sera inoltrata.

Cosa mangiare?

Quanto precisamente?

Non essendo un nutrizionista, non è un mio compito (né un mio intento) fornire dosi precise, anche perché la quantità di cibo necessaria per ognuno di noi dipende strettamente da fattori come peso corporeo, sesso, età e stile di vita.

A seconda delle necessità personali, può andare bene un bicchiere di latte caldo, ad esempio, o una tazza di tè, una camomilla, un infuso di erbe come il tiglio; l'importante è che sia qualcosa di caldo, accompagnato a qualche biscotto ai cereali o a delle fette biscottate con un velo di marmellata senza troppi zuccheri.

Ecco di seguito alcuni ingredienti consigliati, da inserire nella tua colazione quotidiana, ottimi per un pasto sano e completo.

Cereali

I cereali, meglio se integrali, sono un'ottima base per fare una colazione sana. I cereali integrali subiscono infatti meno trasformazioni e lavorazioni e hanno un ottimo apporto di fibre e sali minerali; inoltre, contengono antiossidanti e vitamine.

Dolci e prodotti da forno

Il "dolce presto fatto" è il miglior esempio: una ciambella soffice e profumata, dal gusto genuino, come quella preparata dalle nostre nonne o zie con ingredienti semplici e tradizionali come uova, zucchero, burro e farina. Una volta in forno, il "dolce presto fatto" inonderà la cucina di un dolcissimo profumo che, inspirato, regalerà una gradevole sensazione che potrà solo incidere in maniera positiva sull'umore. Con il suo sapore delicato e la consistenza morbida, il "dolce presto fatto" è senz'altro l'ideale da inzuppare.

Qui sento di fare una precisazione.

Chi è bravo in cucina potrebbe dedicarsi alla preparazione di un dolce simile come passatempo, chi non fosse in grado di cucinarlo potrebbe invece affidarsi a un amico oppure a un conoscente che si presti al "gioco": sarebbe comunque un'occasione per socializzare.

Frutta secca

Anche la frutta secca è un alimento perfetto per la prima colazione e offre una vastissima scelta: mandorle, noci, nocciole, pistacchi, anacardi, ce n'è davvero per tutti i gusti. Una piccola porzione di frutta secca contiene Omega 3, antiossidanti, sali minerali (come magnesio, potassio e calcio) e vitamine sufficienti per darci il primo sprint della giornata. Attenzione a non esagerare però, infatti, in genere, la frutta secca contiene molte calorie; per tale ragione è meglio attenersi alla porzione giornaliera consigliata, che si aggira intorno ai 15 grammi (giusto una manciata).

Miele

Il "nettare degli Dei", il miele è chiamato così perché è una sostanza naturale e ricca di nutrienti e di antiossidanti preziosissimi per il nostro benessere.

Tra i tanti barattoli che è possibile trovare sugli scaffali dei supermercati, fisici o on-line che siano, è sempre meglio mettere nel carrello un miele che sia di origine biologica e che abbia subìto meno lavorazioni possibili; così facendo si avrà la certezza di consumare un prodotto che presenta tutte le sue caratteristiche nutrizionali originarie, con tutti i benefici che ne conseguono. Durante la colazione il miele può essere utilizzato in diversi modi: si può decidere di scioglierlo nel latte per dolcificarlo in maniera naturale, di spalmarlo su una fetta di pane fresco oppure sulle fette biscottate.

Consiglio n.8 - Concediti uno svago mattutino

Dopo aver fatto una buona prima colazione, la cosa migliore da fare è concedersi una bella passeggiata, se le condizioni meteorologiche della giornata lo consentono. Esci di casa, vai in un negozio vicino e scambia quattro chiacchiere con qualcuno del vicinato, se capita: per quanto possa sembrare un'attività insignificante, farà benissimo al tuo corpo e alla tua mente.

Anche andare in palestra o in un parco all'aperto per svolgere un po' di esercizio fisico è caldamente consigliato per cominciare la giornata in maniera attiva e per scaricare un po' di tensione. Non fai sport da molti mesi o addirittura anni? Questo non rappresenta assolutamente un problema, in quanto non è necessario fare chissà quale allenamento intensivo; non bisogna essere per forza degli atleti, per farlo sarà sufficiente scegliere e seguire un programma di allenamento molto soft.

Un altro consiglio: coinvolgi qualcuno per farlo in compagnia, che sia un amico, un parente o un conoscente più o meno esperto non importa. Il moto, infatti, stimola la produzione di endorfine, che agiscono come una sorta di droghe naturali dando una sensazione di benessere e di energia, e la compagnia di qualcuno di nostra conoscenza eviterà la noia o l'impaccio, incoraggiando a portare a termine ogni programma.

Secondo uno studio condotto dai ricercatori dell'Iowa State University, non importa per quale motivo lo si faccia o quale sia la propria destinazione: il semplice movimento della camminata, passo dopo passo, permette un notevole incremento del proprio livello di benessere mentale. Basta poco, insomma, per ottenere tantissimo.

Cosa fare se il maltempo impedisce di uscire o per altri motivi non è possibile recarsi in palestra? Si può svolgere sempre attività fisica in casa, facendo esercizi a corpo libero. Online si trovano tantissime risorse utili ormai: basta fare una ricerca su Google o su piattaforme come Youtube e selezionare il programma di allenamento più adatto al proprio livello; da schemi di allenamento più semplici a quelli più intensivi e particolari, ce ne sono davvero per ogni esigenza. Se si dispone di una cyclette, di un vogatore o di manubri in casa, sarà ancora più semplice: utilizzando questi attrezzi si potrà infatti rendere più vario il programma di allenamento, proprio come ac-

cade in palestra.

Per rendere l'attività fisica più piacevole e divertente può essere utile ascoltare della musica che metta energia e motivazione, sintonizzandosi su un canale televisivo musicale oppure semplicemente riproducendo una playlist di canzoni dal pc o dallo smartphone. Non serve un impianto stereo per farlo, basta anche una piccola cassa bluetooth o lo stesso smartphone che si possiede.

La musica, come detto, è perfetta per motivare e rendere l'esercizio fisico più divertente, ma non è l'unica soluzione: anche seguire un programma di approfondimento in tv o una puntata della propria serie tv preferita va bene.

Alla fine dell'attività fisica è sempre bene fare un po' di stretching (ossia degli esercizi per la distensione dei muscoli) e una bella doccia calda, che aiuterà ad eliminare il sudore e rilassarsi dopo lo sforzo.

Consiglio n.9 - Concediti un po' di riposo

Le prime ore della giornata sono trascorse e quello che ci vuole è un po' di riposo per rilassarsi e ricaricare le batterie. Dedicati a un hobby o a un'attività che ti piace e ti rasserena: risolvi un cruciverba o un sudoku, suona una canzone che ti piace con uno strumento, disegna un ritratto, dipingi un quadro, decora un oggetto, innaffia le piante del balcone o del giardino, fai un po' di meditazione, o magari chiudi gli occhi e ascolta un audiolibro oppure un podcast interessante.

Tra i passatempi più consigliati per i momenti di riposo c'è sicuramente la lettura di un libro. Questo perché la biblioterapia, ossia la terapia attraverso la lettura, rappresenta un rimedio di grande supporto per chi si trova in una situazione di ansia o di depressione. Non a caso, appena qualche anno fa in Inghilterra è stato lanciato il programma "Reading well books on prescription", precisamente nel 2013, con il sostegno dell'Arts Council England. Si tratta di un programma che permette a tutti coloro che hanno bisogno di un aiuto di ricorrere a una cura alternativa; questa naturalmente non si prefigge in alcun modo di sostituirsi a quella medica, ma si rivela senza ombra di dubbio un ottimo strumento da affiancare alla terapia "tradizionale".

Questo percorso di lettura comprende circa trenta titoli di volumi "prescritti" da professionisti, come se si trattasse di veri e propri farmaci.

Generalmente si tratta di testi di self-help ("auto-aiuto"), che si dimostrano assolutamente utili per affrontare alcune situazioni e comprendere meglio alcuni contesti.

Se non ami particolarmente la lettura, anche un po' di televisione va bene: mettiti comodo sul divano e guarda un film o un programma che approfondisce argomenti che stimolano la tua curiosità e i tuoi interessi. Anche del semplice intrattenimento va bene per staccare la spina, l'importante è non "assorbire" qualsiasi programma ci propini il palinsesto televisivo ma filtrare quello che più si adatta ai nostri interessi, per non uscirne turbati o infastiditi.

Infine, dai un'occhiata anche ai messaggi ricevuti su WhatsApp o su altre applicazioni di messaggistica online: a volte basta davvero anche solo una breve chiacchierata via chat, una foto divertente oppure una GIF simpatica inviata da un conoscente per strapparci un sorriso o farci fare una bella risata.

Consiglio n.10 - Evita di guardare i telegiornali

Restare aggiornati su ciò che ci circonda, informandoci su ciò che accade nel luogo in cui viviamo (ma anche a livello nazionale e internazionale), è indispensabile per non restare "tagliati fuori" dal mondo e costruirci un'opinione su quello che succede. Per i primi tempi (bastano anche solo un paio di mesi), però, ti consiglierei di evitare di seguire i telegiornali; lo stesso vale per social network come Facebook e simili, dove spesso vengono condivise notizie anche false o gonfiate.

Dico questo perché purtroppo il più delle volte questi media esercitano il subdolo potere di cambiarci l'umore aggiungendo sfumature di grigio, poiché la quasi totalità delle notizie che vengono divulgate riguarda cose negative, che non sono d'aiuto durante questo percorso verso il benessere.

Ricorda che le notizie negative sono sempre quelle che colpiscono maggiormente il pubblico e, di conseguenza, fanno più audience; è proprio per questo motivo che la maggior parte dei canali televisivi e digitali punta su questo tipo di narrazione per raggiungere un livello di ascolti o di traffico maggiore.

Le azioni ammirevoli, i gesti nobili e i buoni propositi portati avanti con risultati invidiabili non risultano per niente interessanti in quest'ottica: la stampa e la televisione mirano principalmente alla creazione di contenuti e dibattiti che possano stimolare una reazione impulsiva, "di pancia", quindi a qualcosa che faccia indignare, disgustare o indispettire chi guarda o ascolta. Per tutti questi motivi, come detto, è meglio evitare di cadere in questa trappola: non abbiamo bisogno di negatività!

Consiglio n.11 - Fai un bel pranzo nutriente

Come detto per il consiglio riguardante la prima colazione, qui non troverai porzioni precise e schemi rigidi da seguire: non è il mio ruolo e di certo non ho le competenze per suggerire questa o quella dieta. Quindi mi limiterò a consigliare in maniera molto generica cosa potresti consumare per fare un pranzo sano ed equilibrato, che ti offra tutto ciò di cui hai bisogno per svolgere le tue attività quotidiane fino alla sera.

Un pranzo sano per il nostro organismo e allo stesso tempo soddisfacente anche per il palato potrebbe essere ad esempio un piatto di pasta accompagnato da una porzione di verdure. Riguardo al primo, attenzione a non esagerare con le quantità (80-90 grammi andranno benissimo) e a non usare condimenti che risultino eccessivamente pesanti: basterà un sughetto di pomodoro semplice oppure un po' di pesto, da alternare a varianti sempre non troppo complesse, preparate con l'uso di ingredienti naturali e preferibilmente biologici.

Per ortaggi e verdure è meglio prediligere prodotti freschi, non surgelati: via libera quindi a insalate, carote, finocchi, pomodori, ma anche a verdure come spinaci, bietole o cicorie. La cottura merita una parentesi a parte: quella migliore è senza dubbio quella al vapore, ma anche la bollitura o la cottura in padella, al forno o ai ferri vanno bene, mentre sarebbe da evitare il più possibile la frittura (decisamente più invitante, ma molto meno sana).

Per variare un po' il menu nel corso della settimana possiamo preparare una fettina di carne in padella: a questo proposito sarebbe meglio consumare più carne bianca che rossa, soprattutto di pollo o di tacchino (o di coniglio), perché più facilmente digeribile rispetto a quella di maiale o di bovino e ugualmente ricca di ferro, proteine e vitamine (soprattutto del gruppo B), ma con molti meno grassi.

La preparazione dovrebbe essere sempre piuttosto semplice: a volte bastano pochissimi ingredienti per fare un secondo piatto sano e gustoso; ad esempio è possibile insaporire la carne con del latte o con spezie come il curry, perfette per chi ama dei sapori più decisi (anche se non è consigliato l'uso esagerato di spezie per chi soffre di reflusso esofageo).

Almeno una volta a settimana, poi, cerchiamo di consumare una porzione di pesce: sogliola, merluzzo, platessa, sgombro, salmone, tonno, crostacei, quello che vogliamo, insomma, ma accompagnata sempre da un contorno di verdure a scelta. Il pesce è infatti importantissimo per la nostra salute, in quanto ricco di Omega 3, di acidi grassi essenziali (contenuti anche nei semi oleosi e nella frutta secca) che hanno un effetto positivo sul nostro sistema immunitario e nervoso.

Non dimenticare di concederti occasionalmente anche qualche peccato di gola. Mantenersi in linea e avere cura della propria persona è importante per la propria salute fisica e mentale, ma ricorda sempre che non sei un soldato e anche tu hai bisogno di gratificarti ogni tanto, a patto di non esagerare.

Un dolcetto saltuario non può far altro che regalarti un po' di gioia e buonumore, facendoti tornare un po' bambino.

Consiglio n.12 – Concediti una pausa post-pranzo

Cosa c'è di meglio di un po' di relax dopo aver consumato un pasto sano e gustoso? Dopo pranzo il nostro fisico ha bisogno di riposo per digerire e metabolizzare il cibo ingerito, dunque nel lasso di tempo che segue questo importante momento della giornata possiamo dedicarci a un'attività poco impegnativa come quelle hobbystiche elencate precedentemente, oppure riposare, facendo però attenzione a non andare a letto immediatamente dopo aver mangiato (molti hanno questa abitudine ma non è consigliata, in quanto rallenta la digestione).

Bisognerebbe invece evitare di fare sport o altre attività intense a stomaco pieno, in quanto così facendo si andrebbe a ostacolare in modo diverso la fase digestiva, finendo per sentirsi appesantiti e spossati più del dovuto e correndo anche il rischio di incorrere in una brutta indigestione.

Questo accade perché durante la digestione l'afflusso di sangue è direzionato principalmente verso l'intestino, e gli sforzi fisici attirano invece il sangue verso la "periferia" del corpo, ossia verso i nostri muscoli. In questo modo, quindi, il sangue verrà "dirottato" e la digestione ne risentirà in maniera negativa.

Ad esempio, se sei un dipendente di un'azienda che svolge un lavoro davanti al computer per la maggior parte della tua giornata, lo sapevi che fare un break post pranzo può migliorare la tua produttività?

Un articolo pubblicato recentemente dal National Bureau of Economic Research (NBER), sostiene che un breve pisolino dopo pranzo migliora i risultati economici e psicologici rispetto ad un aumento del numero di ore.

Inevitabilmente, dopo pranzo, tendiamo a sentirci un po' assonnati dopo aver pranzato. Tuttavia, potrebbe apparire strano assopirsi seduti in ufficio, vero?

Nonostante ciò, si è scoperto che fare un pisolino dopo pranzo non è una brutta cosa. Le persone associano erroneamente la siesta post-pranzo con letargia, obesità e paura di non riuscire a dormire la notte. Ogni religione, cultura e persino la saggezza dello yoga sostiene che è buona regola fare un breve pisolino pomeridiano.

Il pisolino migliora la salute del cuore ed è noto per essere buono riguardo coloro che soffrono di ipertensione. Migliora l'equilibrio ormonale e aiuta a gestire il diabete e la tiroide. Aumenta anche la digestione, cura l'insonnia, migliora il recupero da allenamento o malattie e induce la perdita di grasso.

Per quanto incoraggiante possa sembrare, è necessario seguire il modo corretto di fare un pisolino pomeridiano per ottenere dei benefici concreti. Ecco alcuni suggerimenti facili da applicare per fare un corretto riposo post pranzo.

Quando: subito dopo pranzo

Come: sdraiati nella posizione fetale sul lato sinistro

Durata: 10-30 minuti di pisolino (circa 90 minuti per i giovanissimi, i vecchi, i malati).

Tempo ideale: tra le 13:00 e le 13:30.

Purtroppo, assumere una posizione fetale non è possibile se si è sul posto di lavoro. In questo caso, puoi appoggiare la testa sulla scrivania e riposare un po'. In alternativa, puoi sonnecchiare su una poltrona e se non riesci a farlo, basta avvicinarsi ad una finestra e guardare lontano, guardare nello spazio e consentire alla mente di rilassarsi.

Cosa non fare nel caso tu non volessi rinunciare al tuo break post pranzo?

1. Pisolino tra le 4-7 di sera.

2. Bere tè o caffè. Farsi una sigaretta o mangiare cioccolato dopo pranzo.

3. Sfogliare il tuo telefono.

4. Dormire oltre i 30 minuti.

5. Dormire con la TV accesa.

L'obiettivo di un pisolino è quello di raccogliere i benefici rivitalizzanti del sonno nel minor tempo possibile, che per la maggior parte delle persone è da 10 a 20 minuti. Dopo esserti svegliato dal tuo pisolino ti godrai probabilmente:

- Concentrazione e vigilanza migliorate
- Migliore richiamo della memoria
- Livelli di stress ridotti
- Resistenza aumentata
- Abilità motorie più affinate

Se il tuo sonno dura più di 30 minuti, potresti incorrere nel rischio di sentirti pigro dopo esserti svegliato. D'altra parte, ogni persona è diversa, quindi un pisolino più lungo può farti sentire più fresco. In ogni caso, il consiglio è di adottare un break breve che può agevolare il recupero della freschezza mentale e contribuire a sentirti meno stanco, affaticato e giù di morale.

Consiglio n.13 – Concediti un'altra passeggiata

Nel pomeriggio, se il clima lo permette, concediti una bella passeggiata. Non c'è bisogno di avere una destinazione ben precisa: cammina senza alcuna fretta, guardati intorno, gustati il paesaggio, osserva le vetrine dei negozi e vai alla ricerca di particolari inaspettati a cui solitamente non fai caso.

Se vivi in un luogo di campagna o di montagna, percorri delle strade e dei vicoletti curati e suggestivi, che possano trasmetterti sensazioni positive; scatta qualche foto, fermati per guardare il panorama da un belvedere, inspira l'aria fresca che hai la fortuna di poterti godere, immergiti nella natura. Se sei a poca distanza dal mare, fai due passi in spiaggia, lasciati cullare dal vento, osserva il moto continuo e rilassante delle onde.

Se abiti in città, recati nei luoghi più belli, evita i quartieri più "spenti" ma anche quelli troppo trafficati, e ritaglia un po' di tempo per guardarla con gli occhi di un turista: resterai sorpreso e meravigliato da quella che il più delle volte ti sembra solo uno sfondo lontano; cerca di sentire il luogo in cui vivi un po' più "tuo" come se fosse un prolungamento della tua casa e abbine cura, non potrà che farti bene.

Consiglio n.14 – Prepara l'atmosfera giusta per la cena

Verso il tardo pomeriggio (più o meno verso le 18) cominciamo a pensare a cosa preparare per cena. Questa dovrà essere molto più leggera del pranzo, in quanto non ci serviranno chissà quali energie per la fine della giornata, ma ciò non vuol dire che non possa essere ugualmente gustosa e stuzzicante. Preparare qualcosa di saporito e genuino ci consentirà di trascorrere la serata in maniera piacevole, prendendoci cura di noi stessi e allo stesso tempo tenendo lontani i cattivi pensieri.

Metti in ordine, riponi tutto ciò che hai usato durante la giornata e dedicati alla sua conclusione; mentre fai queste cose puoi prenderti del tempo per fare una bella chiacchierata con un amico o con un parente al telefono, con la modalità vivavoce oppure facendo una videochiamata. Fatto ciò, passiamo ai fornelli e lasciamoci guidare dalla fantasia, magari creando una ricetta del tutto nuova oppure prendendo spunto dagli innumerevoli siti gastronomici che ospitano tantissime idee fantasiose.

Mettiti alla prova, sperimenta, cerca di riprodurre quel piatto squisito che hai mangiato quella volta in quel ristorantino particolare e ... goditi il risultato!

Consiglio n.15 – Assapora il meritato relax per la serata

Dopo la nostra bella cenetta leggera dovremo preparare il terreno per una serata completamente all'insegna del relax. Una volta lavati piatti e stoviglie e rimessa a posto la cucina, goditi il meritato riposo su una poltrona comoda; magari metti un po' di musica di un genere rilassante, come quella classica, ma anche chill-out, jazz, folk o country, a seconda dei gusti.

Un'altra cosa che aiuta tantissimo è accendere una candelina dal profumo delicato oppure un incenso aromatizzato, se si apprezza il suo profumo particolare. Tra le essenze migliori in questo senso ci sono la lavanda, l'arancio e la cannella, da preferire anche quando si scelgono prodotti per il corpo o per il bagno in quanto hanno un effetto rilassante e distensivo praticamente immediato. Per conciliare il sonno, poi, dedicati alla lettura di un bel libro o di un lungo articolo di approfondimento scritto da qualcuno con cui condividi il modo di pensare su un argomento che ti sta a cuore.

Cerca invece di non passare troppo tempo sui social nelle ore serali: se è vero che sono un bel "tappabuchi" quando non si ha voglia di fare altro, questi potrebbero avere l'effetto opposto. Sottoporre il cervello a una stimolazione continua, passando di contenuto in contenuto senza alcuna sosta, non facilita affatto il rilassamento e, al contrario, potrebbe causare qualche problema in termini di riposo notturno. In questo momento della giornata sarebbe quindi meglio preferire il caro vecchio supporto cartaceo, che non affatica gli occhi al contrario del display illuminato e consente un relax perfetto.

Migliorare la qualità del sonno potrebbe giovare notevolmente alla tua salute mentale. Impegnati nel corso del tempo per trovare un ritmo sonno-veglia adeguato e comincia ad andare a letto e a svegliarti ogni giorno alla stessa ora. In questo modo ti sentirai notevolmente più riposato durante la giornata e, allo stesso tempo, riuscirai ad addormentarti e svegliarti più facilmente.

Per riuscirci, fai attenzione anche al tuo modo di respirare. Fare dei respiri corti e superficiali fanno parte della routine quotidiana di qualsiasi essere umano, ma nell'arco della giornata ci sono anche dei momenti "morti", di pausa, dei brevi spazi temporali che le stesse situazioni della vita creano (ad esempio durante l'attesa dell'arrivo di un autobus o di un treno) nei quali possiamo permetterci di respirare pienamente e in modalità diaframmale (sfruttando quindi il movimento del diaframma, noto anche come muscolo toracico), riempiendo d'aria prima la pancia e in seguito i polmoni.

Esistono diversi esercizi di respirazione con i quali è possibile allenarsi. All'inizio potrebbe sembrare quasi forzata una respirazione di questo genere, ma i suoi benefici si fanno sentire presto. In particolare, si potranno notare miglioramenti per quanto riguarda la propria capacità polmonare (ossia la quantità d'aria che i polmoni riescono a contenere, fattore che influenza la resistenza alla fatica), l'energia fisica, il livello di relax e serenità quotidiano e l'espulsione delle tossine; anche in caso di attacchi d'ansia è possibile ricorrere a questo tipo di respirazione.

Consiglio n.16 – Riscopri la manualità

Il lavoro manuale è di grande aiuto quando si è sotto stress o si tende ad avere pensieri negativi. Concentrati su un'attività che richiede l'uso della manualità e tutta la tua attenzione può isolarti temporaneamente dalle situazioni esterne per mettere a frutto le tue capacità e osservare un progresso concreto e apprezzabile che dipende solo da te. Osservare il risultato finale, poi, è una gran soddisfazione e spinge a migliorarti sempre più.

Che si tratti di imparare a preparare dolci, dipingere un paesaggio naturale o un ritratto, costruire qualcosa con le proprie mani, fare bricolage o curare le piante o l'orto, è fondamentale focalizzare l'attenzione solo sui gesti che si compiono e non sul "contorno". Avere l'abitudine di dedicarsi a questo tipo di attività "concrete", che diano dei risultati tangibili giorno dopo giorno, è ottimo perché libera la mente da

preoccupazioni superflue e da condizionamenti, come pure da pensieri che si ripetono
in maniera sempre identica.

E non è tutto, perché anche a livello fisico
ne gioveremo: il nostro corpo in questi casi
produce infatti delle sostanze che ci fanno
sentire bene, aumentando l'energia positiva
e stimolando a fare sempre di più, a scoprire
nuove cose e a tendere al miglioramento.

Consiglio n.17 – Riconosci e filtra i pensieri

Nella terapia cognitivo-comportamentale esistono due flussi di pensiero che vengono ben distinti in base al nostro grado di controllo su di essi e che devono essere intercettati e riconosciuti: quello dei pensieri volontari e quello dei pensieri automatici. La prima tipologia di pensiero rappresenta quei ragionamenti che facciamo in maniera consapevole e "lenta", ossia in modo più ponderato; la seconda è invece propria di questi pensieri inconsapevoli, "veloci", nel senso che appartengono alla nostra sfera più emotiva e meno razionale.

Nel momento in cui ci accorgiamo che i nostri pensieri automatici ci stanno travolgendo, mettendo completamente da parte la nostra razionalità, è bene intercettarli e non lasciare loro spazio durante i processi decisionali. Naturalmente per riuscirci sarà necessario fare alcuni esercizi, guidati da un professionista, ma a volte basta guardarsi un attimo dall'esterno sforzandoci di essere oggettivi durante determinate situazioni e renderci conto sul da farsi.

Per avere un'idea più chiara, è possibile immaginare il pensiero ripetitivo e negativo come un gomitolo infinito che si srotola e riarrotola; questo movimento senza fine non fa che gettare di fatto le fondamenta per la depressione. Ognuno di noi l'ha sperimentato almeno una volta: si presenta quando tendiamo sempre più a fare pensieri ossessivi incentrati su errori, anticipazione dei fatti, predizione di conclusioni tragiche e così via. Si tratta insomma di vedere solo nubi scure durante una giornata di sole; di certo non è la cosa più giusta e utile da fare per raggiungere un equilibrio interiore.

Le persone che hanno saputo sconfiggere la depressione sanno bene che, in questi casi, la terapia cognitiva si rivela di grande aiuto. Occorre infatti cambiare completamente approccio, spezzando il ciclo della negatività e stabilendo delle vie d'uscita dai loop negativi di pensieri e comportamenti ben precisi, che si ripropongono anche col passare del tempo e in situazioni differenti.

Rimuginare sui comportamenti, sulle perdite, sugli insuccessi, sul proprio o sull'altrui modo di essere, ripercorrendo continuamente gli stessi collegamenti mentali dà l'illusione che prima o poi ci si sentirà meglio; l'unico risultato, invece, è la sempre maggiore concentrazione sugli aspetti negativi e catastrofici, incrementando la sofferenza e, di conseguenza, peggiorando l'umore del depresso.

Consiglio n.18 – Parla con una persona amica

Avere dei legami stabili con delle persone che riteniamo simili a noi e allo stesso tempo leali e affidabili è indispensabile per raggiungere un equilibrio emotivo. Anche il dialogo è di grande aiuto nella vita quotidiana: quando ne hai l'occasione, parla con una persona amica, evitando di focalizzare l'attenzione esclusivamente sui tuoi soliti pensieri negativi; ciò non vuol dire che non potrai raccontare cosa ti è successo nel corso della giornata, o a cos'hai pensato, ma senza rimuginarci troppo.

Riflettere sul passato è fondamentale per elaborare delle situazioni vissute ed evitare di ritrovarsi a fare gli stessi errori nel presente o nel futuro, ma rimasticare troppe volte ciò che è ormai acqua passata non è per niente costruttivo.

Il mio consiglio, quindi, è di sfruttare positivamente la presenza e il sostegno di questa persona amica per spostare il focus verso altri obiettivi: vanno benissimo anche delle situazioni molto leggere e non impegnative, come un dibattito amichevole su un film, un libro, oppure un commento su una partita di calcio, qualsiasi cosa possa costituire uno scambio di opinioni aperto e capace di distrarti dal loop dei pensieri negativi.

La persona in questione può essere anche qualcuno che non frequenti di solito e che hai incontrato in maniera del tutto fortuita: l'importante è che ti ispiri fiducia, che abbia sensibilità ed empatia e che soprattutto ti stimoli alla conversazione. Di persone che possono rivelarsi amiche ne possiamo incontrare davvero tante nella vita quotidiana: basta saperle riconoscere, dato che si confondono con tante altre che sono poco d'aiuto (queste ultime una volta riconosciute possono essere evitate).

Spostiamo quindi il nostro focus "bersaglio" su quelle persone che danno un apporto di positività nella nostra vita e riescono a convincerci del fatto che non siamo soli.

Allo stesso tempo, però, sarà necessario stabilire sempre dei confini, per evitare situazioni opposte nelle quali si crea una sorta di dipendenza, con episodi di invadenza (da entrambe le parti) che possono diventare anche sgradevoli se si sta tentando di ristabilire un equilibrio interiore.

Scegliamo, quindi, delle persone che abbiano esse stesse un equilibrio, per avere la libertà di scegliere il momento in cui preferiamo isolarci volontariamente per ricalibrare i nostri equilibri e quello in cui invece abbiamo voglia di lasciarci andare alla socializzazione e alle nuove esperienze in compagnia degli altri.

Se talune relazioni sono fonte di sofferenza, invece, è giunto il momento di troncarle e di smetterla di farti del male. Se non puoi allontanartene, ad esempio nel caso in cui si tratta di un familiare, cerca di trascorrere il minor tempo possibile in sua compagnia, per limitarne le conseguenze negative. Se sei convinto che il tuo partner ti tradisca o che il tuo migliore amico si stia approfittando in qualche modo di te, allora è arrivato il momento di affrontare la questione in maniera chiara e diretta, cercando di trovare una soluzione.

Consiglio n.19 – Non inseguire le aspettative altrui

Se vivi una situazione depressiva ti sarai sicuramente accorto/a che il rapporto con gli altri è cambiato nell'ultimo periodo di tempo. Ci si sente inadeguati, fuori posto, praticamente degli alieni rispetto alle persone che ci stanno intorno. E a peggiorare il tutto c'è il fatto che spesso ci si rende conto che il disagio depressivo non viene riconosciuto o quantomeno affrontato con cognizione di causa – dalla famiglia ma anche dagli amici –, e quest'aura di "incomprensione" perenne se da una parte procura altra sofferenza, dall'altra può costituire una risorsa e tramutarsi in una spinta interiore più forte, per lavorare su noi stessi e attingere maggiormente alle nostre energie.

Bisogna imparare allora a non inseguire le aspettative altrui, cercando di soddisfarle, ma accettare e rispettare la propria persona, seguendo ciò che è meglio per il proprio percorso di vita, in un'ottica costruttiva. Questo atteggiamento ti aiuterà senz'altro a vivere meglio con te stesso nella quotidianità e, di conseguenza, a costruire e preservare anche una certa armonia con gli altri.

Scoprirai che ognuno ha una grandissima forza interiore, della quale siamo tutti perfettamente dotati. Quella che all'inizio può rappresentare una difficoltà, che spesso impedisce di vivere serenamente e intacca i nostri equilibri, in realtà può trasformarsi in medicina, finendo per diventare una grande risorsa in grado di rivoluzionarci positivamente la vita. Arrivando a conoscerti meglio riuscirai ad avere una visione molto diversa di ciò che sei, del tuo valore e anche di ciò che accade intorno a te.

A volte, quindi, potresti sentirti come se mancasse qualcosa nella tua vita. Questo avviene perché stai vivendo la vita di qualcun altro. Nel tempo, si permette ad altre persone di influenzare o determinare le nostre scelte e questo non fa altro che cercare di soddisfare le loro aspettative.

Prima di renderci conto di aver perso il controllo della nostra vita, finiamo per invidiare il modo in cui vivono le altre persone.

Possiamo solo vedere l'erba più verde - la nostra non è mai abbastanza buona.

Soddisfare gli altri è come inseguire un bersaglio in movimento. Cercando di piacere a tutti, finiamo per non piacere a nessuno, incluso noi stessi. Le aspettative sono un'illusione. Ecco perché la maggior parte delle persone non vive la vita che vuole. Si sentono frustrati e delusi.

Per colmare quel vuoto, devi riformulare la tua relazione con le aspettative delle persone. Le aspettative creano un contratto sociale: è un accordo implicito tra te e gli altri. Se non rispondi, la gente supporrà che tu stia bene.

Parla. Oppure le persone continueranno a invadere i tuoi spazi. Presto inizierai a fare lo stesso con gli altri: quando permetti ad altre persone di definire la tua vita, adotterai lo stesso atteggiamento nei confronti degli altri.

La vita è una strada a doppio senso: quando ti rendi conto che nessuno ti deve nulla, smetti di aspettarti che le persone ti debbano qualcosa. Nessuno ti conosce meglio di te. Nessuno tranne te stesso può scegliere come vivere.

1. Trattati gentilmente

Il primo passo per sbarazzarsi delle aspettative è trattarsi gentilmente. Per prenderti cura degli altri, devi prima amare te stesso. Accettarci pienamente (difetti inclusi) è la base per un'amicizia a lungo termine. Quando accettiamo chi siamo, non c'è spazio per le aspettative degli altri.

2. Regola il modo in cui pensi

Non puoi controllare ciò che gli altri pensano di te, ma puoi scegliere come parlare con te stesso. Il tuo discorso interiore può aiutarti o danneggiarti. Impara a scegliere le parole con saggezza. Le tue aspettative possono metterti in una scatola: sei l'unico che può liberarti.

Presta attenzione al tuo dialogo interiore: sei gentile con te stesso o aggiungi più pressione? La tua conversazione si concentra su chi sei e cosa vuoi essere? O è piena di aspettative su chi dovresti essere? Il tuo dialogo dovrebbe essere tuo, non modellato dai pensieri degli altri.

3. Parla

Le persone hanno bisogno di limiti: alcune perché agiscono senza accorgersene, altre perché tendono a imporre i loro desideri. Parla. Non lasciare che ti dicano chi sei e cosa dovresti fare.

Impara a imporre una linea, non troppo duramente. Fai semplicemente sapere agli altri quando si comportano al di fuori di certi limiti che reputi esagerati.

4. Libera te stesso e libera gli altri.

Quando rimuovi i tuoi preconcetti e aspettative, puoi fare lo stesso per gli altri. Vivere la vita che ami è liberatorio: non senti la pressione di piacere agli altri. Allo stesso modo, non dovrai nemmeno imporre la tua volontà agli altri.

Le aspettative sono un'illusione: aggiungono inutili pressioni a tutti. Riprendiamo la gioia di vivere.

Ricorda quando eri un bambino. Probabilmente non avevi tempo per le aspettative: eri impegnato a goderti la vita un minuto alla volta.

Consiglio n.20 – Vivi il presente

Molte volte capita che, per un motivo o per un altro, ci si ritrova a rimuginare su una situazione che appartiene al passato e non ha alcuna influenza sul presente. Nonostante ciò, si prova una sensazione di frustrazione e insoddisfazione per non essersi comportati in un certo modo o per aver lasciato alcune cose in sospeso. Se è vero che spesso riflettere sul proprio passato serve per non commettere gli stessi sbagli ed evitare alcuni problemi con i quali ci si è già scontrati, c'è anche da dire che la maggior parte delle volte si tratta di cose ormai distanti dalla vita quotidiana presente, che non hanno alcuna influenza in questo senso.

Bisogna in definitiva distinguere la semplice riflessione (che è assolutamente positiva e utile per capire le dinamiche di alcuni fatti) dal loop di pensieri dal quale spesso ci si fa prendere, senza nemmeno rendersene conto. Quest'ultimo non ha una direzione costruttiva, ma è fine a sé stesso e le sue

conseguenze non possono che essere negative.

La priorità è vivere il presente: solo concen-
trandoci sulla nostra influenza reale sulle situazioni che viviamo giorno per giorno possiamo avere un ruolo decisivo e attivo sul
nostro futuro.

A tal proposito dovremmo domandarci:
Perché sprecare energie, rivangando situazioni ormai trascorse, quando potremmo
adoperarci per cambiare qualcosa nel presente? Il passato può e dev'essere un inse-
gnamento, non un freno!

Cerca quindi di perdonare chi ti ha fatto del
male, o perlomeno cerca di comprendere
che la presenza "mentale" di quella persona
va a intaccare il tuo equilibrio, pur non facendo più parte della tua vita quotidiana.
"Perdona gli altri, non perché essi meritano
il perdono, ma perché tu meriti la pace"
(Buddha).

Allo stesso tempo, è bene sapere che è possibile anche usare il passato come ricordo
positivo, al fine di recuperare il buonumore.

Appellandosi alla memoria è infatti possibile combattere delle sensazioni di isolamento che possono portare a sentirsi molto tristi o non amati. Alcuni ricercatori in Cina, avvalendosi della musica, hanno scavato nella memoria facendo sorgere dei sentimenti nostalgici in grado di stimolare e offrire un certo conforto psicologico.

Ebbene sì, a volte basterebbe aprire il baule dei ricordi e tirare fuori vecchi CD o videocassette per riscaldare anima e corpo. Il passato, insomma, non è solo un monito o qualcosa da mettere da parte: può infatti rappresentare anche un ottimo strumento d'aiuto.

Abbiamo parlato di presente e di passato…
e il futuro? Pensare a ciò che verrà non deve
essere per forza legato all'ansia da presta-
zione o alla preoccupazione data dagli
eventi negativi che potrebbero verificarsi in
un futuro più o meno vicino. Lo stimolo a
concentrarsi sul presente deve essere infatti
un modo per guardare la realtà senza "filtri"
mentali.

L'oggi è il campo d'azione concreto da
sfruttare per raggiungere un obiettivo fis-
sato nel domani.

Un obiettivo a lungo termine non deve
quindi accrescere il proprio stato d'ansia; al
contrario, può essere un forte stimolo per
agire in un certo modo nel "qui e ora", in
quanto è il presente a offrire le occasioni da
cogliere per cambiare il futuro in meglio.
Tutto ciò che serve è già nelle nostre mani,
basta rendersene conto e mettersi all'opera.

Consiglio n.21 – Guarda la realtà così com'è

Superare la depressione è una sfida da vincere in prima persona. Non si può sperare che cambi qualcosa se si resta passivi e non si decide di agire, anche solo pian piano, in maniera graduale. Un passaggio fondamentale consiste nel valutare persone e situazioni con delle modalità il più possibile oggettive.

Certo, nessuno di noi può distaccarsi completamente dal proprio modo di guardare il mondo, ma cercare di prendere le distanze da atteggiamenti e comportamenti eccessivamente incentrati sulla propria visione degli avvenimenti a volte può essere davvero d'aiuto.

Per questo, ogni volta che ti ritrovi ad affrontare un avvenimento inaspettato o avverso, non cedere alla tentazione di attribuire tutta la colpa al destino, alla sfortuna o agli altri. Comincia a chiederti invece qual è stato il tuo ruolo nella creazione della situazione in questione, o nel suo sviluppo.

Solo in questo modo potrai prendere coscienza del peso che hanno le tue azioni, in senso negativo ma soprattutto positivo.

Quali sono gli strumenti che hai a disposizione di volta in volta? Guardare la realtà con delle "lenti" che siano il più possibile oggettive e libere da pregiudizi e preconcetti è un atteggiamento che ti sarà senz'altro d'aiuto in questa prospettiva. Allo stesso tempo, così facendo sarai in possesso di tutti gli strumenti per modificare concretamente una condotta o una particolare abitudine che si rivela nociva per il raggiungimento di un obiettivo. Alcune tendenze molto diffuse sono ad esempio la rassegnazione, la sfiducia, ma anche il sarcasmo usato in maniera distruttiva.

Consiglio n.22 – Il bicchiere mezzo pieno

Un'altra abitudine che non si dimostra praticamente mai d'aiuto consiste nel guardare sempre tutto ciò che accade in maniera negativa. Guardare il bicchiere "mezzo pieno", però, non vuol dire coprirsi gli occhi e fingere che vada tutto bene anche quando non è così; si tratta semplicemente di imparare a osservare la stessa situazione da diverse prospettive. È uno sforzo mentale che all'inizio può apparire impegnativo, a volte persino impossibile, a seconda delle difficoltà che si incontrano nelle varie occasioni, ma deve necessariamente diventare un'abitudine.

Se l'altra metà del "bicchiere" è davvero vuota, non bisogna affatto ignorare questo aspetto, quanto piuttosto imparare a dare peso e a valorizzare maggiormente l'altra prospettiva. Facendo un esempio pratico, se per qualche motivo un impegno che avevamo preso viene annullato, distruggendo tutti i piani che avevamo fatto per quella giornata, può essere d'aiuto interpretare questo imprevisto come un'occasione preziosa per dedicare un po' di tempo ai propri passatempi preferiti o, ancora meglio, per approfittare dell'assenza di impegni per fare una passeggiata e incontrare altre persone.

Spesso capita che una situazione che non va in porto ce ne suggerisca un'altra seguendo il principio della serendipity .

Consiglio n.23 – Perfeziona il tuo percorso rendendolo regolare

La nostra epoca ci spinge a desiderare qualunque cosa e a cercare di ottenerla nel minor tempo possibile. Se è vero che a volte un pizzico di fortuna può bastare per cambiare il corso delle cose e raggiungere traguardi altrimenti molto complicati, nella stragrande maggioranza dei casi è indispensabile alzarsi le maniche e darsi da fare.

Quante volte da ragazzini ci è capitato di sentirci dire che c'è bisogno di metodo e costanza per raggiungere un obiettivo? Questa regola vale anche e soprattutto da adulti, in particolar modo in una situazione come quella che stai vivendo. Questo percorso necessita infatti di una routine ben precisa, con degli schemi non eccessivamente rigidi ma nemmeno troppo approssimativi ai quali attenersi.

Immagina di essere un atleta che ha come obiettivo la partecipazione alle Olimpiadi: il raggiungimento di questo ambizioso obiettivo non può prescindere dall'allenamento costante e dal miglioramento continuo delle sue prestazioni. Non è possibile passare da un livello mediocre a uno eccellente senza fare la famosa "gavetta", in senso reale ma anche figurato.

Il fatto di stabilire e rispettare una routine ben precisa è prezioso proprio in questo senso, in quanto incoraggia a rispettare alcuni precisi "appuntamenti" con la propria persona, stimolando alla cura di sé e creando soprattutto un senso di stabilità e regolarità, che può far solo bene all'equilibrio interiore ed esteriore.

Consiglio n.24 – Trascorri del tempo all'aperto

Un'altra caratteristica della nostra epoca è il nostro trascorrere molte ore al chiuso. Un tempo lontano la maggior parte delle ore quotidiane erano invece trascorse fuori, all'aperto, e se la vita fosse stata decisamente più stancante a livello fisico, il lato "chimico" del benessere mentale sarebbe apparso sicuramente ben diverso da quello di oggi.

Che sia in casa o in ufficio, stare troppe ore al chiuso non fa bene al nostro organismo, e le conseguenze sono più o meno visibili a seconda dei casi, e in più hanno un'influenza importante soprattutto sul nostro umore quotidiano.

Qual è il motivo che sta alla base di questa influenza particolare della luce solare sul nostro benessere mentale? La ragione è da riconoscere nel fatto che la luce stimola la produzione di serotonina. Cos'è la serotonina? Si tratta di un ormone che, quando viene rilasciato dal nostro corpo per determinate condizioni, dà una sensazione di serenità, benessere e relax. Il rilascio di quest'ultima viene innescato dalla luce del sole attraverso gli occhi, al punto da far diventare la luce solare protagonista di un trattamento specifico per la depressione stagionale (chiamato fototerapia).

Oltre che sul livello di serotonina nell'organismo, la luce solare influisce positivamente anche su altre problematiche, come i disturbi dell'umore legati alla sindrome premestruale o alla gravidanza, come pure gli attacchi di panico. Trascorrere una buona quantità di tempo all'esterno, poi, regola il ritmo circadiano, migliorando dunque la qualità del sonno; infine, è di grande supporto contro la sensazione di affaticamento tipica di chi è depresso, in quanto ci permette di fare scorta di vitamina D.

Tutti questi benefici dello stare all'aperto sono validi anche se la giornata non è perfettamente soleggiata: anche quando il cielo è grigio e c'è qualche nuvola è possibile sfruttare le ore che si hanno a disposizione

per avere tutti i vantaggi di cui abbiamo parlato.

Consiglio n.25 – Sfrutta la scrittura come terapia

Solitamente chi ama la lettura e divora libri su libri, dopo un po' di tempo sente la necessità di esprimersi attraverso la scrittura. Oltre ad essere un grande strumento artistico, la scrittura è anche uno strumento terapeutico ottimo per la maggior parte delle persone depresse, in particolare per alcune situazioni specifiche.

Tra queste rientrano ad esempio le esperienze traumatiche legate ad abusi o a determinati ricordi che hanno avuto un'importanza cruciale per la propria persona, ma anche le esperienze passate che causano pensieri negativi, come pure la dipartita più o meno recente di una persona cara, che richiede quindi l'elaborazione del lutto.

Mettere nero su bianco i propri pensieri e i propri obiettivi dà infatti un senso di ordine e concretezza maggiore, e aiuta anche nel caso in cui si stia cercando di analizzare alcune reazioni "automatiche", rendendo più chiare le dinamiche per le quali si manifestano. E non è tutto, perché l'attività della scrittura rende le cose più "tangibili", dando quindi un senso di appagamento per gli obiettivi raggiunti passo dopo passo e stimolando a una crescita personale sempre maggiore.

Questo strumento diventa quindi particolarmente utile e indicato soprattutto per le persone molto introverse, che non sono solite esprimere i propri pensieri e le proprie preoccupazioni, finendo il più delle volte per filtrare e mettere da parte tutto, "mandando giù qualche rospo" e non avendo alcun modo per tirare davvero fuori ciò che passa loro per la testa. Anche chi è solito esprimersi di più può trarne grande vantaggio: la scrittura aiuta infatti a riordinare e riconoscere alcuni "pattern" che spesso sono invisibili nella vita di tutti i giorni.

Tuttavia, spesso chi si rifugia nella scrittura per curare la depressione scrive dei propri sfoghi emotivi, di quanto sia terribile la vita e di quanto pensa di essere inutile.

Il problema è che questo "tipo di scrittura" non fa altro che rinforzare il modello negativo della depressione. Chi pensa e si sente negativo, scriverà di pensieri altrettanto negativi. Tuttavia, questo ciclo non è utile e non è terapeutico.

Come uscire da questo loop?

Prova a scrivere le cose positive che desideri. Ad esempio, alcuni pensieri che usciranno saranno: "Voglio che qualcuno mi dica che questa dieta sta funzionando", "Voglio sapere che sto facendo progressi", "Voglio vedere una luce alla fine del tunnel", "Voglio sapere quanto tempo ci vorrà", "Voglio vedere i risultati".

Una persona che ha come obiettivo di diventare sana e forte non scrive di quanto sia infelice, non scrive di essere sfortunata, non qualificata, senza talento, non amabile - non scrive di non essere nulla.

Invece, scrive di come può accumulare energia e di come può fare yoga, cosa che non poteva fare solo un anno fa. Scrive su come gestisce al meglio la sua salute.

Scrive della sua stessa vita creativa nonostante la depressione e le malattie croniche.

Scrive di quanti progressi ha fatto in un anno. Scrive del suo viaggio personale e pubblica e-book in modo che altri possano trarre beneficio dalla sua storia.

Di seguito, troverai alcuni esercizi di scrittura che puoi utilizzare per combattere la depressione.

1. Scrivi una poesia su un'immagine rilassante

Prova a pensare all'immagine più salutare e rilassante che puoi, quella che può andare in contrasto con la tua condizione. Forse è un luogo oppure una persona. Forse è un ricordo speciale o la sensazione di brezza sul tuo viso. Scrivi una poesia su questa immagine, usando i tuoi sensi. (Vedi consiglio n. 3)

2. Scrivi una favola della depressione

Immagina la tua depressione come un personaggio vivente. Potrebbe essere un guerriero samurai o un personaggio dei fumetti malvagio. Quindi raccontane una storia come se stessi raccontando una semplice favola a un bambino piccolo.

Ad esempio, uno scrittore ha descritto la sua depressione come un drago che dorme in cima a un enorme mucchio di oro e gemme all'interno di una grotta. Quando lo scrittore cerca di prendere uno dei tesori, il drago si sveglia e lo imprigiona.

3. Scrivi da un luogo nuovo

Fai una passeggiata, un giro in auto, in autobus e siediti in un posto dove non ti sei mai fermato prima. Scrivi su ciò che vedi in quel momento.

4. Pensa ad una tua abilità

Fai un elenco di almeno 25 cose in cui sei bravo. (Se riscontri problemi, chiedi agli altri quali pensano siano i tuoi punti di forza.) Forse scatti ottime foto. Forse fai una deliziosa cheesecake. Forse non dimenticherai mai una faccia. Forse sei un buon cantante o ballerino. Forse sei in grado di leggere molto velocemente o parli un'altra lingua.

Scegline una e scrivici per 20 minuti: "Chi te l'ha insegnato? Qual è il segreto? Ti piace farlo? Come potrebbe qualcun altro impararlo?"

5. Usa la poesia come suggerimenti

Scegli una poesia da utilizzare come prompt di scrittura. Quindi rispondi alle idee nella poesia o a una parola, frase che risuona con te.

6. Crea la tua arte

Scrivi la tua risposta ai seguenti suggerimenti, quindi sviluppa un pensiero sulla tua
opera d'arte e su come ci si sente a crearla:
"Come mi sento oggi"; "Quello che desi-
dero"; "La mia depressione"; "il mio posto
preferito."

MIGLIORA IL TUO LIVELLO MEN-TALE

Consiglio n.26 – Dai sfogo alla tua spiritualità

Nel mondo ci sono tante credenze, religiose o meno, che aiutano a sviluppare il proprio lato spirituale. Che tu sia religioso o meno, devi sapere che il nostro Io più profondo trae grande beneficio da attività spirituali come la preghiera, la meditazione e lo yoga.

La salute e la spiritualità sono due aspetti dell'essere umano che sono strettamente collegati fra loro, per la sorprendente unità degli esseri umani nella loro dimensione fisica, psichica e spirituale. La malattia psicofisica colpisce la spiritualità, ma non è sempre così. Molte persone in cattive condizioni di salute si evolvono nel loro rapporto con gli altri e con Dio, e riescono a colmare la propria persona di benessere e di pace.

Per capire questo è utile l'esempio di san Tommaso, che descrive lo spirito come un musicista e il corpo come il suo strumento. Il musicista, ossia lo spirito umano, anche nel caso in cui non sia malato, può non essere in grado di riprodurre una melodia se lo strumento non funziona perché rotto oppure non è accordato. Tante volte, però, accade che lo spirito superi le limitazioni dello "strumento" e riesca comunque a suonare in modo splendido, con risultati incantevoli. Vi è anche una malattia dello spirito: abbandonare la ricerca del significato dell'esistenza o negarlo a priori; questo comprende anche il fatto di rinunciare a domandarsi perché esistiamo in questo universo ordinato, escludendo arbitrariamente l'esistenza di Dio e credendoci del tutto indipendenti e autosufficienti.

Consiglio n.27 – Avvicinati alla natura

La natura è un'altra grande risorsa che spesso sottovalutiamo, abituati a farne a meno per prediligere uno stile di vita che è ormai molto distante da quello dal quale provenivano i nostri avi. Ricostruire un contatto più regolare con la natura ci permette di andare incontro alla nostra vera essenza di esseri umani facenti parte di un sistema interconnesso, del quale non possiamo essere solo giudici o spettatori.

Come fare a ristabilire questo contatto?

Riavvicinandoci ad essa approfondendone alcuni aspetti, ad esempio, oppure prendendoci cura di un animale domestico o di una pianta, imparando a osservarne la crescita e prendendocene cura.

Questo è un aspetto fondamentale per il proprio benessere in quanto il rapporto che si crea con l'ambiente naturale circostante consente di superare la chiusura nei confronti del mondo, spostando l'attenzione ossessiva (che a volte arriva a essere persino maniacale) che si ha per sé stessi verso qualcosa che è al di fuori della propria persona, verso un "altro" che non ha nulla a che vedere con pensieri e ragionamenti, né tantomeno con ossessioni e negatività.

Inoltre, prendersi cura in maniera attiva e attenta di una pianta o di un animale domestico fa sviluppare l'empatia, oltre ad accrescere la sensazione di essere importanti e utili; questa sensazione spinge a mettere da parte la depressione e la svogliatezza, stimolando a ricostruire un contatto anche con le proprie energie interiori e con i propri interessi.

Consiglio n.28 – Allenati al distacco

Ogni essere umano teme il distacco, in quanto causa delle sensazioni di disorientamento e spaesamento, oltre che di solitudine.

Più si è legati e dipendenti da qualcuno o da qualcosa, più ci si ritrova in qualche modo "prigionieri" di tale possesso, che finisce per condizionare e vincolare il proprio benessere ma anche la stessa identità personale.

Mi spiego meglio: quante volte capita di smussare alcuni lati del proprio carattere e di plasmare la propria personalità in base ai gusti altrui, per il timore di perdere chi ci sta di fronte? Se è vero che in alcuni casi può essere d'aiuto cercare di non guardare il mondo solo con i propri occhi, bisogna anche capire che nei casi più estremi la propria felicità diventa solo una variabile dominata dalle altre persone, e soprattutto da circostanze che non possono essere gestite.

La strada migliore è dunque quella dell'autenticità, che permette di esprimere al meglio la propria personalità e che implica un certo grado di libertà dalle "catene" del giudizio e dei condizionamenti altrui; in altre parole, sarà necessario avere la capacità di mettere in atto un certo distacco.

Consiglio n.29 – Una tisana rilassante

Per quanto possa sembrare banale, una bevanda calda come un infuso o una tisana a base di erbe naturali può fare davvero miracoli in alcuni casi. In situazioni di stress o semplicemente in momenti di riflessione, coccolarsi con qualcosa di caldo e dal sapore e profumo piacevole si rivela sempre di grande aiuto per aumentare il grado di relax e trovare un po' di serenità.

Per tutti questi motivi è quindi consigliabile preferire una bella tazza di tisana (preferibilmente usando delle erbe di origine biologica e controllata), evitando magari bevande fredde gassate o alcoliche, che hanno l'effetto opposto a quello desiderato e che spesso arrivano anche a peggiorare il tutto.

Tra le erbe più indicate per chi cerca un po' di relax troviamo la passiflora, la melissa, il tiglio, la valeriana, la malva, la lavanda e l'immancabile camomilla. Nel caso in cui non si abbiano molte conoscenze sui loro effetti specifici, sarà sufficiente fare una breve ricerca su Internet oppure chiedere direttamente al farmacista o all'erborista.

Se si acquista la tisana in bustine, basterà usarne una in una tazza di acqua calda prima di andare a letto; se invece si ha l'abitudine di comprare il preparato di erbe essiccate nei classici sacchetti dell'erboristeria, basterà utilizzarne 1-2 cucchiai per ogni tazza (di circa 250 ml) d'acqua.

Vediamo nel dettaglio alcune idee per rilassarti e sentirti meno giù durante la tua giornata.

Per le persone che soffrono di depressione, è fondamentale adottare misure come praticare tecniche di rilassamento, fare esercizio fisico regolare, dormire a sufficienza e parlare con un professionista.

Sorseggiare una calda tazza di tisana a metà giornata o alla sera può essere un rituale rilassante, e ci sono prove che alcune tisane abbiano proprietà che possono aiutare a domare la propria condizione.

1. Tè al Linden

In alcuni tipi di medicina popolare, si dice che un'erba chiamata tiglio aiuti a ridurre l'ansia. Si ritiene che l'assunzione di estratti dei fiori dell'erba sotto forma di tè possa aiutarti a rilassarti e ad alleviare l'insonnia.

Sebbene non ci siano molte ricerche sui potenziali benefici per la salute del tiglio, uno studio preliminare pubblicato sul Journal of Ethnopharmacology ha scoperto che l'erba potrebbe aiutare ad alleviare l'ansia.

Per aiutare a gestire l'ansia e l'insonnia, erbe come la valeriana e il luppolo potrebbero essere utili. Bere tè calmanti come la camomilla, respirare il profumo rilassante dell'olio essenziale di lavanda o praticare tecniche di rilassamento come la meditazione potrebbe anche aiutarti a rilassarti prima di andare a letto.

2. Tè verde

Si dice che la teanina promuova il rilassamento e tratti una serie di problemi di salute mentale. Ad esempio, molte persone assumono integratori di teanina per alleviare l'ansia, combattere la depressione e ridurre lo stress.

Finora, gli scienziati devono ancora esplorare a fondo gli effetti sulla salute della teanina. Tuttavia, la ricerca preliminare suggerisce che la teanina può aiutare a sollevare l'umore, migliorare la funzione cerebrale e calmare la risposta del corpo allo stress.

Sebbene sia troppo presto per raccomandare l'uso di integratori di teanina per il trattamento o la prevenzione di qualsiasi condizione di salute, aumentare l'assunzione di teanina bevendo tè verde può offrire una vasta gamma di benefici per la salute.

3. Camomilla

Per ottenere otto ore di sonno ogni notte, prova a passare alla camomilla.

In uno studio pilota pubblicato su BMC Complementary and Alternative Medicine nel 2011, è stato scoperto che la camomilla migliora la giornata delle persone con insonnia.

Oltre a bere la camomilla, ci sono alcune prove che l'odore della camomilla (usando una miscela aromaterapica che contiene olio essenziale di camomilla) potrebbe aiutarti a dormire più profondamente. Per raccogliere gli effetti rilassanti della camomilla, combina questo olio con altri oli sedativi (come la lavanda) e con un olio vettore come jojoba o mandorla dolce. È fondamentale notare che gli oli essenziali non devono mai essere ingeriti.

Consiglio n.30 – Informati sulle possibili cause della depressione

Arrivare a conoscere la causa (o le cause) alla base della propria depressione, con l'aiuto di un professionista, può offrire un ulteriore aiuto prezioso per uscirne. Capire qual è il motivo o la circostanza che ha causato il tutto è infatti molto utile, a prescindere dal livello di gravità. Il tuo medico potrebbe individuare come causa scatenante della tua depressione una delle seguenti:

1   Abuso di sostanze stupefacenti o alcol. La dipendenza da droghe o alcol potrebbe essere la causa principale della tua depressione. Un medico può aiutarti a capire se hai effettivamente una dipendenza e può indicarti la soluzione più adeguata al tuo caso.

2   Cause genetiche. Se nella tua famiglia ci sono (o ci sono state) altre persone coinvolte in problemi di depressione, la

probabilità che tu abbia questo disturbo è più alta. Puoi cercare di capire se altri componenti della tua famiglia hanno sofferto di depressione, anche se questa non è stata mai diagnosticata, oppure parlare direttamente con i tuoi genitori o altri familiari per capire se qualcuno di essi ha sofferto di questo disturbo in passato, senza che tu lo sapessi.

3   Squilibrio ormonale. Se soffri di problemi alla tiroide o di altri squilibri ormonali, questi potrebbero essere alla base della tua depressione.

4   Disturbo di carattere psicologico. Un medico può aiutarti a capire se soffri di un disturbo psicologico che potrebbe essere la causa della tua depressione. Generalmente si tratta di problemi come il disturbo d'ansia o il disturbo ossessivo compulsivo, o persino un disturbo psicotico, come ad esempio la schizofrenia.

5   Effetto collaterale di un farmaco. Se assumi regolarmente dei medicinali per curare un'altra malattia, il tuo medico può dirti se la depressione è correlata al loro utilizzo e potrebbe quindi prescriverti un farmaco ugualmente efficace, ma che non provoca questo effetto collaterale.

6   Disturbo stagionale. Alcune persone soffrono di depressione durante i cambiamenti di stagione, soprattutto nei periodi freddi dell'anno. Non è raro, infatti, soffrire del cosiddetto "winter blue", che perdura per tutto l'inverno; questa forma di depressione è nota come disordine affettivo stagionale.

Consiglio n.31 – Esprimi la tua generosità

Dai una svolta alla tua vita comportandoti in maniera generosa con coloro che ami e con le persone che fanno parte della tua comunità.

La generosità ti aiuterà ad aumentare il tuo livello di autostima e a stabilire dei legami più forti con le persone che ti circondano.

Studi effettuati nell'Università dell'Oregon dimostrano che quando una persona dona il proprio tempo, il proprio denaro o in generale commette delle azioni positive per gli altri, nel suo cervello si attiva il circuito cerebrale della ricompensa che è lo stesso che viene attivato quando riceviamo un regalo.

Prova quindi a rivolgere la tua attenzione all'esterno, non più esclusivamente verso te stesso ma anche verso gli altri.

Ma concretamente come si può essere così generosi?

Vediamo 5 punti essenziali.

1. Sii generoso con il tuo tempo

Poiché il tempo è la tua risorsa più preziosa, dedicare del tempo a qualcuno è un grande dono. Poiché la vita a volte può essere piuttosto impegnata, molto probabilmente dovrai fare uno sforzo consapevole per trascorrere più tempo con le persone che hanno bisogno di più della tua presenza.

In questo modo avrai un duplice beneficio: non solo riceverai la gratitudine dalle persone che hai aiutato ma avrai l'opportunità di vivere del tempo con loro socializzando e aiutando te stesso nel tuo viaggio.

2. Sii generoso con i tuoi soldi

Potresti non essere un milionario ma anche tu puoi fare la tua parte. La generosità non è una funzione del tuo conto bancario. È una funzione del tuo cuore. Sii generoso con i tuoi soldi. Non sto suggerendo di sperperarli irresponsabilmente.

Ci sono persone meno fortunate di te che puoi aiutare finanziariamente. Ci sono organizzazioni - la tua chiesa, organizzazioni umanitarie, centri di ricerca medica, ecc. - che potrebbero trarre grandi vantaggi dal tuo sostegno finanziario. Quando consumi tutti i tuoi soldi per te stesso, non riesci ad apprezzare il "dare".

3. Sii generoso con i tuoi averi

Se ti guardi intorno a casa, troverai una varietà di articoli di qualità che non usi. A volte si tratta di articoli nuovissimi che non ti servono. Sono appesi nel tuo armadio, si nascondono nel tuo ripostiglio, dormono nei tuoi cassetti, siedono nella tua dispensa, raccolgono la polvere sugli scaffali della biblioteca, ecc. Perché non dare tutta questa roba alle persone che ne hanno bisogno? Mettili in scatole e portali al centro di donazione. Il centro troverà persone che possono fare buon uso di quegli oggetti.

4. Sii generoso con le tue parole

Le tue parole sono potenti e possono fare una grande differenza nei giorni (e persino nella vita) di qualcuno.

Sii generoso con le tue parole.

Non intendo: sii prolisso.

Voglio dire: essere incoraggiante.

Prodiga altri con veri complimenti.

Lascia che la generosità del tuo cuore sia trasmessa dalle parole della tua bocca. Ricorda che le persone spesso hanno a che fare con molta negatività e dolore nelle loro vite e potresti non essere in grado di distinguere le apparenze.

Lascia che la tua bocca sia una fonte di incoraggiamento. Ovunque tu sia, sii una fonte di positività, in modo che, quando le persone lasciano la tua presenza, siano migliori di prima di incontrarti. Inoltre, infondendo generosità negli altri riuscirai di riflesso ad essere tu stesso più positivo.

5. Sii generoso con i tuoi talenti

I tuoi talenti e abilità sono pensati per servire gli altri. Quale sarebbe il punto di essere un insegnante di talento se non avessi nessuno a cui insegnare? Quale sarebbe il punto di essere un musicista, un pittore, uno scrittore o uno scultore di talento se nessuno potesse apprezzare e beneficiare della tua arte?

Oggi puoi decidere di essere più generoso con il tuo tempo, denaro, beni, parole e talenti e beneficiare tu stesso del dono che fai agli altri ricevendo da loro gratitudine e vivendo una vita più appagata di prima.

Consiglio n.32 – Supera la depressione per superare anche altri limiti

Quando si vive in una condizione di depressione si pensa che la cosa più importante in assoluto da affrontare sia il suo superamento. Questo è certamente vero, ma non vuol dire che l'apice della propria esistenza sia il fatto di averla oltrepassata: ci sono anche altri limiti da superare e altri successi da raggiungere. La vita, insomma, non si ferma al superamento della depressione, per quanto questo passaggio sia fondamentale per fare da "ponte" verso il futuro.

A tal proposito voglio parlarti di ciò che ha riportato lo scrittore inglese Matt Haig nel suo libro "Ragioni per continuare a vivere. La storia vera della mia depressione e di come ne sono uscito". L'autore racconta in maniera autobiografica quello che ha vissuto in prima persona all'età di 24 anni, tra crisi d'ansia e depressione, e parla anche di come per alcuni personaggi storici la depressione rappresentò non tanto un ostacolo, quanto più un aiuto, o meglio, uno stimolo che li spinse in avanti nella strada verso il successo; tra gli esempi dei personaggi più noti troviamo figure del calibro di Winston Churchill e Abraham Lincoln.

Può essere davvero così? Può una condizione patologica diventare addirittura uno stimolo per affrontare e superare i propri limiti?

"Sono stato molto malato, ma quando sono guarito o, diciamo meglio, ho imparato a convivere con la depressione, è stato come sentirmi capace di qualsiasi cosa. Quando sei depresso quella gabbia che ti serra ti sembra insormontabile. Quando riesci a venirne fuori ti sembra di poter riuscire anche in molte altre cose. La depressione è un momento orribile, ma ha anche in serbo grossi insegnamenti riguardo alla vita. Io lo posso affermare: dalla mia depressione ho imparato molto. Si tratta di una malattia, di una maledizione, ma dentro quella maledizione ci possono essere tanti doni."

Riuscire a concepire la depressione come una fonte di doni può essere uno step di grande aiuto. Per quanto possa sembrare contraddittoria questa cosa, dato che siamo abituati a pensare a questo problema solo come fonte di dolore e sofferenza (nostra e altrui), si tratta di una chiave di lettura che può davvero rivelarsi rivoluzionaria per chi vive questa condizione. In questo modo, infatti, si riuscirà a vederne le potenzialità di sviluppo positive, non solo le conseguenze negative sulla propria persona e sulle proprie fasi di approccio.

Consiglio n.33 – Non dare alla tecnologia la responsabilità dei tuoi disagi

La tecnologia oggi fa parte della nostra quotidianità in ogni istante, e spesso nemmeno ce ne accorgiamo. Se abbiamo bisogno di qualcosa e non abbiamo a disposizione il tempo necessario per andare a comprarla fisicamente in un negozio, basta ordinarla online; se vogliamo spendere il meno possibile per l'acquisto di un servizio o di un prodotto, basta fare una ricerca e confrontare le varie proposte sul mercato. Ogni nostro bisogno, insomma, può essere velocemente soddisfatto grazie alle risorse offerte dalla tecnologia di cui disponiamo al giorno d'oggi.

Una delle innovazioni più significative per la nostra realtà quotidiana è senza ombra di dubbio quella che vede la tecnologia unita alla comunicazione. Sono in particolare i social network (come Facebook, Instagram e TikTok) e le app di messaggistica (come Whatsapp e Telegram) ad assicurarci attualmente la dose quotidiana di contatto con gli altri che un tempo relegavamo al telefono o alle visite a casa di amici e parenti.

Come accade per ogni innovazione tecnologica, però, anche questi strumenti portano con sé dei pro e dei contro. Non possiamo prevedere gli sviluppi futuri di queste tendenze tecnologiche e sociali. Tra i principali svantaggi troviamo:

1   Bullismo. Un adolescente vittima di bullismo in passato poteva esserlo "solo" a scuola o nel proprio quartiere, mentre con l'avvento di Internet è nata anche un'altra forma: il bullismo in rete (meglio conosciuto come cyberbullismo), che ha amplificato il problema, rendendolo spesso molto complicato da gestire.

2   Peggioramento della qualità del sonno. Con l'aumentare dell'uso quotidiano dei social media è stato notato un aumento parallelo dei riscontri di problemi relativi all'addormentarsi o a riposare in maniera davvero soddisfacente durante la notte, in

particolar modo se si trascorre molto tempo al pc o con lo smartphone in mano prima di dormire.

Tra i vantaggi principali della tecnologia possiamo invece comprendere:

La condivisione. Una persona depressa, sfruttando strumenti come la posta elettronica o i social media, potrebbe trovare più facilmente dei contatti utili per condividere la propria esperienza con altre persone e trovare quindi un ulteriore appoggio esterno. Si tratta quindi di prospettive molto utili per contrastare l'isolamento.

Maggiore accessibilità alle risorse. Se in passato ci si poteva informare solo tramite canali "fisici", oggi è possibile sfruttare le innumerevoli risorse di Internet per farlo, il più delle volte in maniera completamente gratuita. Che si tratti di informazioni di base o di approfondimenti più consistenti, sul web l'accessibilità è ormai praticamente completa.

A proposito di tecnologia, bisogna fare qualche appunto relativo alla salute.

Stare troppo seduti alla scrivania, guardando continuamente lo schermo illuminato di un pc, può avere ripercussioni sulla salute in generale ma soprattutto sulla propria postura. Ciò accade perché, dopo diverse ore trascorse in una posizione che per il nostro corpo è innaturale, il peso esercitato sulla colonna vertebrale fa sì che si adotti una postura scorretta, che va ad affaticare alcune zone precise.

A tal proposito ci domandiamo:

Come evitare fastidi che, col passare del tempo, possono sfociare anche in problemi piuttosto gravi per articolazioni e muscoli?

Innanzitutto, cercando di fare due passi ogni 1-2 ore di attività continuativa davanti al pc, magari facendo anche qualche esercizio di stretching per alleviare tensioni a livello muscolare; ma soprattutto praticando regolarmente delle discipline come yoga e pilates.

Queste sono infatti particolarmente utili in questi casi, in quanto alleviano i dolori e sollecitano dei muscoli che faranno da "sostegno" nella vita quotidiana.

I benefici, come sempre, non sono solo fisici: anche l'umore ne trarrà grandi vantaggi, come accade per ogni tipo di attività fisica. Infine, avere una postura corretta trasmetterà anche maggiore sicurezza nel rapporto con i nostri interlocutori, e questa cosa attirerà le altre persone invece di allontanarle.

Consiglio n.34 – Fai Sport!

Ne abbiamo già parlato brevemente, ma lo sport merita un consiglio a sé stante perché è un aspetto davvero importante della vita di tutti quanti. Quando hai depressione o ansia, l'esercizio fisico sembra spesso l'ultima cosa che vuoi fare. Ma una volta motivati, può fare una grande differenza.

L'esercizio fisico aiuta a prevenire e migliorare una serie di problemi di salute, tra cui ipertensione, diabete e artrite. La ricerca su depressione, ansia ed esercizio fisico mostra che i benefici psicologici e fisici dell'esercizio possono anche aiutare a migliorare l'umore e ridurre l'ansia.

I legami tra depressione, ansia ed esercizio fisico non sono del tutto chiari, ma l'allenamento e altre forme di attività fisica possono sicuramente alleviare i sintomi della depressione o dell'ansia e farti sentire meglio. L'esercizio fisico può anche aiutare a mantenere lontane depressione e ansia una volta che ti senti meglio.

La depressione può avere uno qualsiasi dei numerosi sintomi. I segni più comuni includono sentirsi giù per molto tempo, svogliatezza, non divertirsi e in generale non essere interessati a nulla, anche a hobby e attività che ti piacevano.

L'esercizio fisico avvia una cascata biologica di eventi che porta a numerosi benefici per la salute, come la protezione contro le malattie cardiache e il diabete, il miglioramento del sonno e l'abbassamento della pressione sanguigna. L'esercizio fisico ad alta intensità rilascia sostanze chimiche per il benessere del corpo chiamate endorfine.

Ma per la maggior parte di noi, il vero valore è nell'esercizio a bassa intensità sostenuto nel tempo. Questo tipo di attività stimola il rilascio di proteine chiamate fattori neurotrofici o di crescita, che contribuiscono alla crescita delle cellule nervose e creano nuove connessioni.

Il miglioramento delle funzioni cerebrali ti fa sentire meglio. Nelle persone depresse, i neuroscienziati hanno notato che l'ippocampo nel cervello - la regione che aiuta a regolare l'umore - è più piccolo. L'esercizio fisico supporta la crescita delle cellule nervose nell'ippocampo, migliorando le connessioni delle cellule nervose, che aiuta ad alleviare la depressione.

La depressione si manifesta fisicamente causando disturbi del sonno, riduzione dell'energia, alterazioni dell'appetito, dolori muscolari e aumento della percezione del dolore, il che può portare a una minore motivazione all'esercizio fisico. È un ciclo difficile da interrompere. Inizia con cinque minuti al giorno di camminata o qualsiasi attività che ti piace. Presto, cinque minuti di attività diventeranno 10 e 10 diventeranno 15.

Fare 30 minuti o più di attività fisica al giorno per 3-5 giorni alla settimana può migliorare significativamente i sintomi della depressione o dell'ansia. Tuttavia, piccole quantità di attività fisica - da un minimo di 10 a 15 minuti alla volta - possono fare la differenza. Potresti impiegare meno tempo ad allenarti per migliorare il tuo umore quando svolgi attività più intense, come la corsa o il ciclismo.

I benefici per la salute mentale dell'esercizio e dell'attività fisica possono durare solo se ti applichi sul lungo termine - un'altra buona ragione per concentrarti sulla ricerca di attività che ti piacciono.

Non è chiaro per quanto tempo è necessario esercitarsi o quanto intensamente farlo prima che il miglioramento delle cellule nervose inizi ad alleviare i sintomi della depressione. Dovresti iniziare a sentirti meglio poche settimane dopo aver iniziato ad allenarti. Ma questo è un trattamento a lungo termine, non una soluzione una tantum.

Le persone che soffrono di depressione sono spesso svogliate e finiscono per non fare molto esercizio fisico. L'esercizio fisico e lo sport - come il jogging, il ciclismo, il nuoto o l'escursionismo - sono comunemente raccomandati per alleviare o prevenire la depressione. Molte persone che fanno sport oltre ad avere altri trattamenti affermano che è bello poter fare qualcosa per combattere la depressione da soli.

Trova un'attività che puoi svolgere regolarmente. Puoi prendere parte a uno sport di squadra, frequentare le lezioni in un centro ricreativo o semplicemente essere più attivo nella tua routine quotidiana camminando o andando in bicicletta invece di viaggiare in auto o con i mezzi pubblici.

Alcune ricerche mostrano che l'attività fisica come la camminata regolare, non solo i programmi di allenamento formale, può aiutare a migliorare l'umore. L'attività fisica e l'esercizio fisico non sono la stessa cosa, ma entrambi sono benefici per la salute. L'attività fisica si definisce come una qualsiasi attività che fa lavorare i muscoli e richiede energia e può includere attività lavorative o domestiche o di svago.

L'esercizio fisico è un movimento del corpo pianificato, strutturato e ripetitivo fatto per migliorare o mantenere la forma fisica. La parola "esercizio" può farti pensare a correre in palestra. Ma l'esercizio include una vasta gamma di attività che aumentano il tuo livello di attività per aiutarti a sentirti meglio. Certamente, correre, sollevare pesi, giocare a basket e altre attività di fitness che fanno battere il cuore può aiutare.

Se non ti alleni da molto tempo o sei preoccupato per gli effetti dell'esercizio sul tuo corpo o sulla tua salute, chiedi a un medico di darti delle indicazioni.

Riassumendo, in che modo l'esercizio fisico aiuta la depressione e l'ansia? L'esercizio fisico regolare può aiutare ad alleviare la depressione e l'ansia:

- Rilascio di endorfine rilassanti, sostanze chimiche cerebrali naturali simili alla cannabis (cannabinoidi endogeni) e altre sostanze chimiche cerebrali naturali che possono migliorare il tuo senso di benessere.

- Distoglie dalle preoccupazioni ti allontana dal ciclo dei pensieri negativi che alimentano la depressione e l'ansia.

Come puoi iniziare e rimanere motivato?

Iniziare e attenersi a una routine di esercizi o un'attività fisica regolare può essere una sfida. Questi passaggi possono aiutare:

Identifica cosa ti piace fare. Scopri quale tipo di attività fisica hai maggiori probabilità di fare e pensa a quando e come è più probabile che tu la segua.

Ottieni il supporto del tuo professionista della salute mentale. Parlatene con lui per stabilire un programma di esercizi che si adatti alla tua condizione.

Stabilisci obiettivi ragionevoli. Pensa realisticamente a ciò che potresti essere in grado di fare e inizia gradualmente. Adatta il tuo piano alle tue esigenze e capacità piuttosto che stabilire linee guida non realistiche che difficilmente soddisferai.

Preparati a battute d'arresto e ostacoli. Conceduti credito per ogni passo nella giusta direzione, non importa quanto piccolo. Se salti l'esercizio un giorno, ciò non significa che non puoi mantenere una routine di allenamento e potresti anche smettere. Riprova il giorno successivo. Insisti.

Consiglio n.35 – Fino a che punto siamo condizionati dal nostro carattere?

Molte volte si commette l'errore di considerare il proprio carattere come qualcosa di innato. "Sono fatto così, cosa posso farci?" Purtroppo o per fortuna, però, i tratti caratteriali di ogni persona derivano dal contesto ambientale nel quale è cresciuta e nel quale vive le proprie situazioni quotidiane; niente di innato, dunque, al contrario di quanto molto spesso siamo portati a pensare.

Certo, se si ha una particolare tendenza o talento e un ambiente specifico ne facilita lo sviluppo, potrebbe sembrare che il risultato fosse "destino", dandoci l'illusione che in qualunque situazione sarebbe andata a finire comunque così. Ma è una visione alquanto semplicistica della realtà, che non lascia spazio a tutti gli innumerevoli fattori che entrano in gioco nella nostra vita.

Il carattere è costituito dagli aspetti del nostro modo di essere che sono stati acquisiti e sviluppati attraverso l'educazione (principalmente nell'ambiente famigliare e scolastico), ma anche attraverso il contesto quotidiano "allargato" nel quale viviamo; infine, anche dagli eventi positivi o negativi che si ha avuto l'occasione di affrontare. L'etimologia di questa parola ne dà un'ulteriore spiegazione: "carattere" deriva infatti dal greco χαρακτήρ -ῆρος, che significa propriamente "impronta" e si ricollega alle incisioni che si facevano una volta sulle monete, lasciando una profonda impressione, indelebile.

La moneta è l'individuo, l'impronta sono gli eventi e i fattori che incidono sull'andamento della sua vita. Di certo non è possibile ripristinare la situazione personale allo stato precedente rispetto al verificarsi di un evento; possiamo però reagire nel momento in cui riconosciamo questa "impronta": al contrario della moneta, non siamo un pezzo di metallo che resta inerte.

Per modificare il modo di essere si deve tener conto di altri fattori come il temperamento ereditato e le tendenze. E non sono ammesse scuse del tipo "i miei genitori erano già così", oppure "sono cose che fanno parte del mio istinto, non posso modificarle". Tra le caratteristiche che ci distinguono dagli altri animali e dagli esseri viventi in generale, c'è proprio la capacità di modificare volontariamente i nostri comportamenti.

Fortunatamente, infatti, l'essere umano ha tutti gli strumenti a disposizione per essere perfettamente in grado di trasformare i propri istinti in tendenze. L'uomo riconosce la meta verso la quale si sta dirigendo e, di conseguenza, riesce a governare questi istinti grazie alla propria intelligenza e alla forza di volontà, pur di raggiungere il traguardo.

Nella sfida per migliorare in questa prospettiva non siamo affatto soli: oltre ai professionisti del settore, al mondo ci sono anche tantissime persone che ci sono già passate e possono quindi esserci di enorme aiuto con il loro esempio e i loro preziosi consigli. Inoltre, per chi è credente, Dio agisce nel profondo del nostro essere, anche nell'inconscio, se lo lasciamo fare.

La buona formazione del carattere segue il detto: "Se il tuo progetto dura mesi semina del riso, se dura anni pianta alberi, se dura tutta la vita forma degli uomini".

Consiglio n.36 – Essere felici è utopistico, essere positivi è realistico

Russ Harris, medico e psicoterapeuta specializzato in gestione dello stress e della salute mentale, nel suo libro "La trappola della felicità. Come smettere di tormentarsi e iniziare a vivere" spiega i motivi per i quali nella società occidentale del benessere sembriamo tutti stressati, depressi e insoddisfatti.

Perché mai nel mondo occidentale la maggior parte della gente sembra vittima di un infinito circolo vizioso che spinge a dedicare tempo ed energia a una battaglia contro i pensieri e le emozioni negative?

Questa battaglia, infatti, risulta chiaramente persa già in partenza, in quanto sembra davvero impossibile contrastare l'andamento delle cose e il sorgere di questi pensieri negativi. L'autore ci accompagna in un percorso di scoperta della nostra personale trappola della felicità, cercando di farci prendere coscienza dei meccanismi mentali che ci tengono "in gabbia" (rendendoci ostinati nel perseguire delle chimere impossibili) e spingendoci a recuperare la nostra libertà di scegliere e di agire nel modo in cui riteniamo sia meglio per noi.

Una volta presa coscienza dell'equivoco-felicità possiamo diventare positivi guardando la vita in modo da trarre il massimo vantaggio dalle lezioni forniteci dall'esperienza, dalle capacità personali e dalle opportunità date dall'ambiente nel quale viviamo giorno per giorno.

CONCLUSIONI

La natura è sempre una grande maestra dalla quale prendere esempio. Noi uomini troppo spesso tendiamo a considerare il cambiamento come un problema o come possibile fonte di difficoltà; questa concezione porta ad approcciarsi con un certo timore a tutto ciò che non rientra nel "già visto", e tale timore si riflette in una scarsa capacità ad adattarsi a situazioni e contesti nuovi, diversi da quelli già vissuti o previsti.

Ma sono le nostre stesse radici a contraddirci: nel susseguirsi dei millenni, infatti, ogni essere vivente è mutato, adattandosi incessantemente. Ed è la stessa natura che, con le sue infinite sfaccettature e contraddizioni, ci dà conferma di tutto ciò: nulla è immobile, tutto non fa che trasformarsi, pur restando fedele in qualche modo alle sue origini.

Lo stesso discorso può essere fatto per il nostro lato meno fisico e più mentale: la qualità più preziosa per un essere umano è la resilienza, ossia la capacità di affrontare un determinato evento e riorganizzarsi per superarlo in maniera attiva ed efficace. A questo proposito mi preme precisare un concetto: essere resilienti emotivamente non vuol dire solo "resistere". Il concetto di resistenza in questa declinazione è valido fino a un certo punto, perché non basta stringere i denti e aspettare che passi.

Soprattutto per quanto riguarda la depressione, non può essere così: se non si agisce (o meglio, re-agisce) in prima persona diventa molto improbabile uscirne, non c'è una bacchetta magica esterna capace di sistemare tutto; è indispensabile farlo da sé, con aiuti esterni che naturalmente facilitano la missione, ma con una spinta interiore che non può che venire da sé.

Bisogna mettere in atto tutte le abilità in proprio possesso per imparare il più possibile dalla situazione che si sta vivendo e cercare di oltrepassarla, ponendosi sempre come obiettivo il proprio benessere, una realizzazione che possa dirsi davvero completa e soddisfacente.

Così, come perfino le durissime rocce riescono a modellarsi davanti all'inesorabile persistere di una goccia d'acqua soltanto, anche voi potrete arrivare a modificare i vostri pensieri disfunzionali, sostituendoli con altri nuovi e funzionali, capaci di aprire un piccolo varco che vi condurrà verso la porta d'uscita della depressione.

Prendere esempio da chi ce l'ha fatta

In questo manuale abbiamo passato in rassegna tutti i modi che possono rivelarsi utili per affrontare le giornate e ristabilire un certo equilibrio interiore. I consigli presi in analisi sono incentrati principalmente sul proprio Io, in quanto è questo il perno intorno al quale gira tutto il resto in una condizione come la depressione, grave o lieve che sia. Ma guardarsi intorno e imparare anche dalle esperienze altrui può essere senz'altro un ottimo aiuto.

Le persone che hanno vissuto sulla propria pelle un problema complesso come quello della depressione possono infatti essere davvero delle ottime fonti d'ispirazione. Immaginare di poter stare bene nonostante i propri trascorsi ovviamente serve, ma avere degli esempi concreti di persone che sanno bene cosa significa convivere per anni e anni con questa condizione e che oggi conducono una vita serena è una spinta in più per cercare di risolvere il problema; inoltre, può far comprendere più a fondo che la depressione può colpire chiunque, anche chi sta bene economicamente.

Sono molti i personaggi famosi che hanno affrontato il problema della depressione, in diverse fasi della propria vita. Un esempio nel panorama degli attori italiani è Alessandro Gassmann, che ad appena 17 anni ha cominciato ad avere attacchi di panico e che è riuscito a superare la depressione grazie ad anni di psicoterapia e all'incessante sostegno della moglie Sabrina.

Anche il regista Carlo Verdone ha vissuto lo stesso problema, tra ansia, depressione e psicofarmaci, mentre Michelle Hunziker ha sofferto di attacchi di panico e di depressione dopo la morte del padre.

La perdita di una persona cara come un genitore rientra infatti tra le cause più diffuse, e lo sa bene anche Mara Venier, che ha passato anni davvero difficili dopo la morte della madre e che ha ritrovato la gioia di vivere dopo la nascita di suo nipote. Tra gli esempi di persone più giovani c'è il rapper Ghemon, che in diverse interviste ha affermato di aver perso in passato la motivazione quotidiana per fare anche le cose più semplici, come lavare i piatti o cucinare, e di dormire moltissime ore per non affrontare il mondo esterno, prima di decidersi ad affrontare il problema.

Tra i VIP internazionali troviamo invece l'attrice Salma Hayek, ad esempio, che ha dichiarato di non essere riuscita a lasciare la propria casa per molto tempo a causa della grave ansia; lo stesso può dirsi per Emma Stone, che ha sofferto di ansia per molti anni da ragazza, ai tempi della scuola.

Gwyneth Paltrow ha invece avuto problemi di depressione appena dopo il parto, cosa che colpisce moltissime donne dopo la gravidanza e di cui si parla ancora troppo poco. L'affascinante Halle Berry ha invece sofferto di una pesante depressione per via della fine del suo matrimonio, causa che la accomuna alla collega Emma Thompson.

Anche la famosissima cantante Beyoncé ha vissuto una fase davvero difficile in seguito al suo addio alla sua band storica, le Destiny's Child. Secondo quanto dichiarato dalla stessa celebrità ad Harper's Bazaar:

"Ero famosa, avevo paura che non avrei mai trovato qualcuno che mi amasse. Avevo paura di avere nuovi amici. Poi un giorno mia mamma ha detto, 'Perché pensi che una persona non ti amerebbe? Non sai quanto sei intelligente, dolce e bella?' In quel momento ho capito che avevo solo due scelte: Posso rinunciare, o posso andare avanti."

Persino Lady Gaga ha dovuto affrontare una condizione difficile come quella depressiva, trovando poi una via d'uscita:

"Ho imparato che la mia tristezza non deve mai distruggere quello che di bello ho creato nella mia vita. Devi solo tornare indietro, a quei bei momenti e scoprire che c'è ancora una piccola luce che brilla. Sono stata fortunata perché sono riuscita a trovare quella luce."

Esempi di questo tipo possono aiutare a comprendere il vero peso di questo problema, a prescindere dalla propria condizione privata personale ed economica. Personaggi di fama mondiale che sono spesso molto invidiati da colleghi e apprezzatissimi dai loro fan si ritrovano a combattere contro un nemico invisibile eppure molto forte, che riesce a mettere a repentaglio tutto e a far vacillare ogni certezza e autostima.

Il punto di svolta resta sempre lo stesso: trovare la propria forza interiore per riconoscere l'esistenza e l'entità del problema e impegnarsi in prima persona per affrontarlo, passo dopo passo, giorno dopo giorno, in maniera lenta e graduale ma senza lasciarsi mai andare, senza farsi mai prendere dal senso di sconfitta.

A questo punto molti lettori potrebbero obiettare, dicendo che se si è ricchi e famosi è certamente più facile farlo... ma non è esattamente così. Anche con un conto in banca stratosferico e una cerchia di persone care e di fan che dimostrano continuamente affetto e comprensione può essere complicato farsi forza.

Come abbiamo visto in precedenza, VIP nazionali e internazionali molto affermati hanno comunque avuto gravi difficoltà esattamente come potevano averle delle persone "normali", con situazioni ben diverse. Tutti arrivano a sentirsi talmente soli e disorientati nel mondo da sentirsi persi, senza via di scampo. Eppure, la soluzione c'è sempre: tutto sta nel non farsi travolgere da questa condizione e accettare un sostegno esterno, permettendo quindi di lasciarsi aiutare.

Il percorso è lungo e richiede costanza e pazienza, ci sono ostacoli, ci sono momenti difficili, ci sono delle fasi più sostenibili e ci sono poi delle "montagne" da superare, concentrandosi al massimo e sfruttando tutte le energie a propria disposizione.

Ma il traguardo ne vale certamente la pena: il risultato di questo difficile e lungo percorso è una vita che possa dirsi davvero serena, senza la proiezione delle ombre delle esperienze passate, delle situazioni presenti filtrate da pensieri disfunzionali e delle previsioni future catastrofiche. In questo modo si vivranno finalmente delle giornate in funzione del proprio benessere e della propria crescita personale, e si riuscirà ad assaporare tutto ciò che di bello c'è nel mondo circostante.

Tornare ad avere o ottenere finalmente una situazione di questo tipo è possibile. Bisogna solo riuscire a incanalare le proprie energie, un passo per volta, senza alcuna fretta.

SITOGRAFIA

https://www.ccdu.org/comunicati/417-vuoi-sconfiggere-depressione-quello-fatto

https://www.istitutobeck.com/depressione#depressione_18

https://www.apc.it/chi-siamo/la-psicoterapia-cognitiva/la-terapia-cognitivo-comportamentale/

https://ricette.giallozafferano.it/Dolce-presto-fatto.html

https://blog.erbecedario.it/categorie/approfondimenti/colazione-dietetica-e-leggera-cosa-mangiare/

https://www.melarossa.it/salute/psicologia/le-8-dritte-combattere-la-depressione-54916/

https://www.psicologodinunzio.com/eser-cizi-e-consigli-per-vincere-la-depressione/

https://www.riza.it/psicologia/depres-sione/2446/esercizi-contro-la-depres-sione.html

https://www.wikihow.it/Superare-la-De-pressione

https://www.donnamoderna.com/news/cul-tura-e-spettacolo/vincere-la-depressione-con-lamore-e-la-corsa

https://it.zenit.org/articles/ansia-depres-sione-dipendenze-una-spiritualita-sana-puo-combatterli/

https://www.stile.it/2017/05/31/uscire-dalla-depressione-10-modi-id-152864/

https://180gradi.org/2017/03/01/come-con-vivo-da-20-anni-con-la-depressione/

https://lamenteemeravigliosa.it/sconfig-gere-la-depressione/

https://www.vinciconlamente.it/come-vin-cere-depressione.html

https://www.sospsicologo.org/psicolo-gia/come-sconfiggere-la-depressione-da-soli/

https://www.forumroma.it/6-abitudini-per-vincere-la-depressione-senza-farmaci/

https://www.istitutodipsicopatologia.it/di-cosa-ci-occupiamo/come-aiutare-chi-sof-fre/aiutare-soffre-depressione/

http://www.lacasanellaprateria.com/vin-cere-la-depressione-due-settimane/

https://www.my-personaltrainer.it/rimedi/depressione.html

https://www.istitutobeck.com/depressione

https://www.apc.it/disturbi/adulto/depressione/depressione-sintomi-conseguenze-cura/

https://www.psicosocial.it/12-migliori-libri-depressione-ansia/

https://online-psicologo.eu/terapia-del-perdono-depressione/

https://www.tuttogreen.it/serendipity-per-vita-migliore/

https://www.healthline.com/health/depression

https://goinswriter.com/writing-to-heal-my-depression/

https://www.psychology-today.com/us/blog/the-adaptive-mind/201810/live-your-life-you-not-please-expectations

https://www.psycom.net/therapist-plan-for-overcoming-depression/

https://www.mayoclinic.org/diseases-conditions/depression/in-depth/depression-and-exercise/art-20046495

https://www.luanaserafini.it/immaginazione-immagini-ansia-depressione-autostima/

https://www.lifegate.it/il-significato-di-serendipity-la-gioia-inattesa-non-e-solo-nei-film

36 consigli per vincere la

DEPRESSIONE

Oreste De Maria

Prima pubblicazione anno 2020